Arena-Taschenbuch
Band 1977

Margot Berger
begann ihre Journalistenlaufbahn als Redakteurin bei großen Tageszeitungen und Frauenzeitschriften. Seit 1980 ist sie selbstständige Journalistin und Buchautorin in Hamburg. Sie arbeitet für Entwicklungsredaktionen von Verlagen (Fachgebiete u.a. Umwelt, Tiere). Als begeisterte Reiterin schreibt sie auch für Pferdezeitschriften und Jugend-Tiermagazine.

Arena-Taschenbücher von Margot Berger:
»Reiterhof Birkenhain«:
»Aufregung im Stall«
(Band 1 der Reihe, Arena-Taschenbuch 1970)
»Großer Auftritt für Sally«
(Band 2, Arena-Taschenbuch 1971)
»SOS – Pferd verschwunden«
(Band 3, Arena-Taschenbuch 1972)
»Ein starkes Team«
(Band 4, Arena-Taschenbuch 1973)
»Sturmnacht am Meer«
(Band 5, Arena-Taschenbuch 1974)
»Rettung in letzter Minute«
(Band 6, Arena-Taschenbuch 1975)
»Rätsel um das braune Fohlen«
(Band 7, Arena-Taschenbuch 1976)
»Achtung: Pferde in Not!«
(Band 8, Arena-Taschenbuch 1977)
»Spuk im Stall«
(Band 9, Arena-Taschenbuch 1978)
»Ende für die Reitschule?«
(Band 10, Arena-Taschenbuch 1979)

»Starke Tipps für Pferde-Fans«
(Arena-Taschenbuch 1987)

Margot Berger

REITERHOF BIRKENHAIN

Achtung: Pferde in Not!

Arena

In neuer Rechtschreibung

3. Auflage 2002 als Originalausgabe im Arena-Taschenbuchprogramm

Umschlagillustration und Vignette: Marlis Scharff-Kniemeyer
Umschlagtypographie: Agentur Hummel + Lang
Gesamtherstellung: Westermann Druck Zwickau GmbH
ISSN 0518-4002
ISBN 3-401-01977-5

Inhalt

1. Kapitel

Formel-1-Fahrer

Wütend pfefferte Imke Zavelstein ihren Schraubenzieher gegen die Pferdebox und fuhr herum.

»Hört auf, mich wie eine Schwerkranke zu behandeln!«, fauchte Imke die beiden Mädchen hinter sich an. »Habe ich vielleicht ein Schild auf dem Rücken: *Ich brauche Mitleid?*«

Nein, aber das war auch nicht nötig.

Die zierliche Zwölfjährige sah auch ohne Hinweisschild aus wie ein Bild des Jammers – wie sie mit hängenden Schultern vor der leeren Box stand, in der Hand die abgeschraubte Tafel mit dem Namen *Deichgraf*. Selbst ihr kurzer Pferdeschwanz, mit dem Imke ihr krauses, schwarzes Haar bändigte, hing traurig herunter.

Die beiden, die sie »gefälligst nicht wie eine Kranke behandeln sollten«, waren Jule Ahrend und Conny Clasen, beide zwölf. Wie Imke verbrachten sie jede freie Minute auf dem Reiterhof Birkenhain.

Die Reitschule in Großmoorstedt am Stadtrand von Hamburg war für die Mädchen der schönste Platz der Welt. Breite Sandwege führten ins Gelände. Ideal für lange Ausritte, die die Mädchen jetzt in den Herbstferien täglich unternahmen.

Bevor sie die Schulpferde sattelten, musste der Stall aber top aussehen. Darauf bestand Reitlehrer Kai Jensen.

Conny fegte Heureste und Birkenlaub zusammen und warf den Haufen in die grüne Mülltonne.

»Meine Güte, Imke, bist du empfindlich«, sagte sie und verzog das Gesicht. »Es darf einem ja wohl Leid tun, dass dein Pferd verkauft worden ist. Wenn ich mir vorstelle, dass mein Rocky nicht mehr hier im Stall stände . . . «

Conny, genannt »Mücke«, stützte sich nachdenklich auf den Besenstiel.

»Oder meine Sally mit ihrem Fohlen . . . «, fiel Jule ihrer Freundin ins Wort.

Das war zu viel für Imke.

»Müsst ihr denn immer wieder davon anfangen?«, schluchzte sie und schlug die Hände vors Gesicht.

Die beiden Mädchen wechselten einen raschen Blick. Sie meinten es doch nur gut, wenn sie Imke wie ein rohes Ei behandelten. Aber bitte, wenn sie nicht wollte . . .

Jule zuckte mit den Schultern und griff sich unwillkürlich in ihr dichtes, rotes Haar. Sie konnten Imke genauso gut links liegen lassen. Dass sie und Conny überhaupt mit ihr sprachen, darüber konnte Imke wirklich froh sein. Sie gehörte nämlich zu einer Clique, die die anderen nur »die Nervis« nannten. Mit den drei Zwölfjährigen gab es nichts als Ärger. Der einzige Grund, dass die Mädchen miteinander redeten, war Deichgraf, Imkes Pferd, das vor zwei Wochen verkauft worden war.

»Und du hast mir fest versprochen, Himmel und Hölle in Bewegung zu setzen, damit er bleiben kann«, sagte Imke bitter zu Jule. »Da sieht man mal, was hinter deinen großen Sprüchen steckt – nichts.«

Was Imke sagte, stimmte leider. Zum Teil jedenfalls.

Jule biss sich auf die Lippen. Ja, sie hatte ihr geschworen Deichgrafs Verkauf zu verhindern. Jule hatte ein schlechtes Gewissen, wenn Imke dieses Thema anschnitt. Imke hatte sich voll auf ihre Ideen verlassen. Mit List und Tücke wollte Jule jedem möglichen Käufer Deichgraf vermiesen.

Aber dann . . . dann war Imkes Vater arbeitslos geworden. Er hatte kein Geld mehr für die Boxenmiete. Das konnte man drehen und wenden, wie man wollte. Und den Tierarzt Dr. Teichmüller – er hatte den lahmenden Wallach lange behandelt – konnte Vater Zavelstein auch nicht ohne Ende bezahlen.

»Du hast Deichgraf doch schon zweimal in Bargteheide besucht«, sagte Jule, um sich irgendwie zu rechtfertigen. »Und es ging ihm super.«

Die Käuferin, Frau Decker, schien in Ordnung zu sein. Schon deshalb, weil sie Imke erlaubte ihren Deichgraf jederzeit zu besuchen. Vom Reiterhof Birkenhain war es nicht weit nach Bargteheide, aber leider erreichte man den neuen Stall ohne Auto nur schwer. Imke räusperte sich und putzte sich die Nase.
»Hör auf«, sagte sie gereizt. »Die Wahrheit ist: Ich habe die Pechkarte gezogen und du hast nur Glück.«
Imke ging zur ersten Außenbox, die zwischen der Reithalle und dem alten Bauernhaus lag, in dem die meisten Schulpferde untergebracht waren.
Die große Box besaß eine niedrige Tür, über die man die Pferde gut beobachten konnte. Jules Liebling, die braune Stute Sally, und ihr winziges Fohlenmädchen »M2« standen hier. Die beiden blickten kurz hoch, ließen sich aber nicht stören.
Jule hatte die Pferde vorhin von der Koppel geholt. Obwohl es schon Anfang Oktober war, durfte das Fohlen noch heraus, denn in diesem Jahr war es lange ungewöhnlich warm und sonnig. Jule lehnte sich neben Imke über die Boxentür.
»Du hast sogar zwei Lieblingspferde«, sagte Imke Zavelstein niedergeschlagen. »Sally und das Fohlen. Und ich? Ohne Deichgraf bin ich doch im Stall total überflüssig.«
»Sei nicht blöd, Zavelstein.«

Conny ging es auf die Nerven, dass Imke nur auf dem Jammer-Trip war. Das machte den Verkauf auch nicht rückgängig. Höchste Zeit, dass sie auf andere Gedanken kam.

»Mensch, Imke, wir haben Herbstferien. Außerdem – niemand hat etwas dagegen, wenn du dich im Stall nützlich machst.«

Conny zeigte auf die Forken, die an der Wand des Bauernhauses lehnten. »Ausnahmsweise bei den Schulpferden, wenn das nicht unter deiner Würde ist.«

»Glaub ja nicht, dass ich bei deiner Lakritzstange ausmiste«, sagte Imke spitz.

Conny ärgerte sich, dass Imke immer auf ihrem schwarzen Lieblingspferd Rocky herumhackte. Lakritzstange! Schulpferd Rocky war einfach ein zierlicher Typ.

Imke polierte Deichgrafs Namensschild mit dem Ärmel und sah mit rot geweinten Augen Sally und M2 beim Schmusen zu. Sehnsüchtig seufzte sie.

Jule betrachtete sie aus den Augenwinkeln. Plötzlich tat Imke ihr richtig Leid. Wie mies hatte sie selber sich gefühlt, als vor fünf Jahren ihr bester Spielkamerad wegziehen musste. Das eigene Pferd herzugeben – das war natürlich noch härter.

Jule dachte nach. Sollte sie Stallbesitzer Jensen fragen, ob Imke Sally ab und zu reiten durfte? Bisher erlaubte er das nur ihr und Luisa Steffen, weil die so dünn war. Lui-

sa war aber mit ihrer Oma in den Ferien verreist. Es fehlte also eine leichte Reiterin für Sally. Andererseits wollte Jule ungern Sonderrechte an Imke abtreten . . .
Ehe Jule zu einem Entschluss kam, tauchte Kai Jensen mit einem Futtersack auf der Schulter vor den Außenboxen auf. Seine Laune konnte man nicht gerade als glänzend bezeichnen. Hatte er den bissigen Dialog zwischen Conny und Imke aufgeschnappt? Offensichtlich.
»Euer Gezicke hört man ja bis in die letzte Hofecke«, sagte Jensen und setzte den schweren Sack ab. »Eigentlich wollte ich euch eine brandneue Geschichte erzählen, aber das lasse ich jetzt. Außerdem . . . «
Der superschlanke Mann richtete sich auf und sah sich um.
»Bastian fehlt. Der soll die Neuigkeit auch hören. Aber der ist wohl drinnen bei King Louis.«
Eine Neuigkeit? Eine Überraschung?
Sofort bestürmten die drei den Chef von Birkenhain und schrien durcheinander.
»Was gibt's denn?«, »Los, Herr Jensen!«, »Wir erzählen es Bastian nachher, Ehrenwort.«
Kai Jensen kam gar nicht dazu, den Mund aufzumachen, denn die Geschichte erzählte sich praktisch selbst. Ein dunkelgrüner Corsa fuhr, nein raste, auf den Hof, drehte eine halbe Kurve und bremste mit dramatisch quietschenden Reifen vor dem Paddock. Gestank von

Benzin und Reifengummi hing in der Luft, wo es eben noch nach Heu geduftet hatte. Aus dem offenen Fahrerfenster hämmerte Musik aus einer gigantischen Anlage.
In diesem Moment kam Bastian mit King Louis am Halfter nach draußen. Aufgeschreckt durch das verrückte Auto sprang das Pferd zur Seite und drehte sich nervös im Kreis. Blitzartig wickelte sich der Führstrick um einen Pfosten.
Der Corsa-Fahrer, ein junger Mann mit schwarzen, halblangen Haaren, lehnte sich aus dem Seitenfenster und hob lässig die Hand.
»Hast du sie noch alle?«, brüllte Bastian gegen die Musik an. Ein einziger ungeschickter Tritt – und der alte King Louis wäre lahm. Gut, dass der 14-Jährige so groß war, sonst hätte er den Herdenboss kaum halten können. Auch so hatte Bastian alle Hände voll zu tun, um das Pferd am Herumspringen zu hindern.
»Bleib einfach cool, Kleiner.«
Der Unbekannte grinste, knallte die Wagentür bis zum Anschlag auf und stieg aus. Alles an ihm war schwarz – seine enge Lederhose, die Lederweste, die Cowboystiefel.
Mit bebenden Fingern band Bastian sein Pferd fest und stürzte auf den Ledertyp zu. Er kochte vor Wut. War der noch bei Trost, wie ein wild gewordener Formel-1-Fahrer über den Reiterhof zu jagen? Glaubte er etwa, damit die Mädchen zu beeindrucken?

Bastian blieb direkt vor dem Unbekannten stehen. Ihre Nasenspitzen berührten sich fast. Feindselig starrten sie sich an. Beide Jungen waren gleich groß, über 1,80 m. Bastian zog verächtlich die Augenbrauen hoch. Es hätte nicht viel gefehlt und er hätte dem Kerl eine geknallt. Zumindest hätte er ihn liebend gern am Kragen seiner protzigen Lederweste gepackt und geschüttelt. Aber mit Kai Jensen als Zuschauer? Keine gute Idee . . .
Der Stallbesitzer pfiff Bastian zurück. Das hier war eindeutig Chefsache. Widerstrebend ging Bastian ein paar Schritte rückwärts.
Was Kai Jensen dann sagte, ließ alle aufhorchen. Er sagte, das heißt, er brüllte es dem Autofahrer zu: »Noch so ein Auftritt und du kannst deine Lehre woanders machen.«
An Jensens Stimme hätte man Colaflaschen kühlen können, so eisig war sie.
»Lehre? Was für eine Lehre? Bleibt der etwa hier?«, fragt Jule ungläubig.
Die Nachricht war ein Hammer.
Der Typ da drüben machte eine Ausbildung in ihrem Stall? Sogar Imke vergaß ihre Traurigkeit für einen Moment. Ein Lehrling auf einem Reiterhof – das roch nach Unterhaltung! Auch wenn sein erster Auftritt mehr als peinlich war.
Jensen schwieg verdrossen und winkte den Schwarzhaarigen zu sich heran. Cool schlenderte der auf die

Gruppe zu. Als er Jensens Blick sah, wurde er aber zusehends kleiner.
»War vielleicht nicht so gut ... «, murmelte der Rennfahrer.
Es war nicht Jensens Art, andere vor Publikum abzukanzeln. Obwohl der hier es verdient hätte. Ein angehender Pferdewirt, der sich benahm wie ein Idiot!
»Wir unterhalten uns später«, knurrte Jensen.
Albrecht Steinberg, so hieß der 18-Jährige, hatte seinen Job bei ihm noch gar nicht begonnen, da bereute Jensen die Neueinstellung bereits. Dieser Albrecht war ein Notfall gewesen. Der Junge hatte seine Ausbildung in einem anderen Reitstall begonnen. Als der Pleite ging, suchte er einen Stall, in dem er die Lehre zu Ende machen konnte. Und er, Jensen, hatte sich breitschlagen lassen.
Der Stallbesitzer ärgerte sich schon über sein weiches Herz. Wenn dieser Steinberg bereits *jetzt* im Stall für Stress sorgte ... na, danke. Wie der sich erst aufführen würde, wenn er sich eingelebt hatte, das konnte man sich an fünf Fingern ausrechnen.
Der Krach hatte die anderen Mädchen alarmiert, die im Stall arbeiteten. Sie zückten gleich ihre Handys oder stürzten ans Stalltelefon. Die aufregende Neuigkeit von Jensens Lehrling musste man jedem in Großmoorstedt sofort brühwarm erzählen.
Eine Stunde später – Jensen hatte Albrecht im Büro ein

paar passende Worte gesagt – sah der Reiterhof aus wie der Pausenhof eines Mädchen-Internats.
In jeder Ecke standen Mädchen beieinander, steckten ihre Köpfe zusammen und tuschelten. Ein neuer Junge! Und das bei dem Männermangel auf dem Hof! Außer Bastian und dem Reitlehrer Axel Rakete gab es keine jungen männlichen Reiter. Dafür heftigen Frauenüberschuss.
Bastian fand die Situation höchst beunruhigend.
Er hatte Jule, die freche Zwölfjährige, die keinem Streit aus dem Weg ging, nämlich gern. Das fehlte gerade, dass sich ein anderer an sie heranmachte. Dieser Albrecht Steinberg musste schon 18 sein, wegen des Führerscheins. Ob Jule sich durch sein Auto beeindrucken ließ? Frauen waren manchmal höchst seltsam. Noch machte Jule allerdings einen ganz normalen Eindruck ...
Dafür schienen ein paar andere auf dem Hof durchzudrehen: die Killerbienen. Das war der Spitzname für die größeren Mädchen, 16 und 17 Jahre alt. In ihren Köpfen spukte nichts anders herum als Männer, Männer, Männer.
Die Killerbienen waren genau Albrecht Steinbergs Kragenweite. Als Jule ihren Putzkasten holte, sah sie, wie Albrecht seinen Arm um Ilona, einen besonders krassen Fall unter den Killerbienen, legte und lässig sagte: »Okay, Baby, nenn mich einfach Al.«
Jule drehte sich um und sagte laut: »Ich glaube, ich muss brechen.«

2. Kapitel

Sicher, Baby

»Sicher, Baby.«

Was war das? Jule traute ihren Ohren nicht. Gerade kam sie aus dem Bäckerladen, in dem sie sich für einen langen Stalltag eingedeckt hatte, da hörte sie vertraute Stimmen von der Straße. *Sehr* vertraute Stimmen. Pech nur, dass ein Müllwagen die Leute verdeckte, die zu den Stimmen gehörten.

Die Tüte mit Croissants flog in die Putzbox auf dem Gepäckträger. Jule schob ihr Fahrrad vorsichtig zum Heck des Müllautos und spähte um die Ecke.

Tatsächlich. Ihre Vermutung war richtig.

Imke Zavelstein und Albrecht Steinberg.

Imke redete gerade mit Engelszungen auf den Pferdewirt ein, der sich obercool »Al« nennen ließ. Zwar verstand Jule nicht alles, aber der Tonfall, *dieser Tonfall,* sprach Bände. Unwillig schüttelte Jule den Kopf. Wie konnte Imke nur! Hatten sich nicht alle Mädchen, die

noch ihre fünf Sinne beisammen hatten, geschworen diesem Al die kalte Schulter zu zeigen?
»Sicher, Baby«, sagte Albrecht zum hundertzwanzigsten Mal und warf lässig seine schwarzen Haare zurück. Dann stolzierte er wie ein texanischer Ranchbesitzer mit seinen spitzen Cowboystiefeln zum Auto.
Die muss er gleich ausziehen, dachte Jule schadenfroh. Sie erinnerte sich an Kai Jensens entgeistertes Gesicht, als er Al beim Ausmisten in diesen Westernstiefeln sah.
»Die Dinger will ich hier nicht sehen«, raunzte der Chef ihn gleich nach seiner Ankunft an; eine Woche war das jetzt her. »Jedenfalls nicht bei der Arbeit. Hier wird mit Reitstiefeln geritten und mit Sicherheitsschuhen gearbeitet. Mit Stahlkappe.«
»Warum?«, begehrte Al auf.
Jensen überlegte kurz und behauptete dann: »Die Versicherung verlangt es.«
Dagegen konnte Al nichts sagen. Zähneknirschend fügte er sich. Die klobigen Sicherheitsschuhe sahen natürlich ziemlich uncool aus zu seiner Lederhose. Albrecht Steinberg fürchtete um sein Ansehen bei den Killerbienen, die bis jetzt noch um ihn herumschwirrten wie Fliegen um einen Haufen Pferdeäpfel.
Warum nun auch Imke Zavelstein?
Jule lehnte sich an ihr Rad und wartete mit verschränkten Armen auf Imke.

»Hast du Lederfett geschluckt?«, fragte Jule anzüglich, als die kleine Schwarzhaarige hinter dem Müllwagen auftauchte. »Oder warum redest du so schmierig? Was findest du plötzlich an diesem Al?«
Imke lief rot an. Musste Jule ausgerechnet jetzt hier auftauchen? Morgens um sieben Uhr?
Sie hatte schon eine patzige Antwort auf der Zunge, besann sich dann aber, Jule reinen Wein einzuschenken.
»Ehrlich gesagt, Al soll mich nach Bargteheide fahren, zu Deichgraf.« Verlegen spielte Imke an dem Gummiband, das ihre schwarzen Locken im Nacken zusammenhielt. »Das ist alles. Immerhin ist er der Einzige, der ein Auto hat.«
»Hoffentlich stimmt das mit Deichgraf«, sagte Jule zweifelnd.
»Na hör mal. Klar doch.« Imke wurde plötzlich ganz eifrig. »Herr Jensen schickt Al am Freitag zu einer Pferde-Versteigerung irgendwo bei Bargteheide. Die soll er sich angucken. ›Gehört auch zur Ausbildung‹, sagt der Chef.«
Eine Versteigerung . . .
Jule überlegte. Sollte sie mitfahren? Mit Al in einem Auto, das behagte ihr natürlich nicht. Andererseits – möglicherweise konnte sie in Bargteheide doch noch etwas für Deichgraf tun? Vielleicht ließ sich die neue Besitzerin, Frau Decker, überreden, Imkes Pferd wieder in eine

Box auf Birkenhain zu stellen? Frau Decker wohnte im Süden von Bargteheide, das war schon Richtung Hamburg.
Imke fand den Vorschlag klasse, obwohl er von Jule kam.
»Gemacht«, sagte sie und klatschte ihre Handfläche gegen Jules.

Die gute Stimmung hielt nicht lange an, als die Mädchen im Stall angekommen waren. Schnell sickerte bei den anderen durch, dass Jule und Imke mit Al zur Pferde-Auktion fahren wollten.
Bastian kochte. Er suchte Jule im ganzen Reitstall und fand sie schließlich vor Sallys Box, wo sie ihren Striegel reinigte. Wütend stellte er sie zur Rede.
»Wieso steigst du bei diesem irren Raser ein? Spinnst du?«
Jule blickte von ihrem Putzkasten auf und zog ärgerlich die Augenbrauen hoch. »Ganz einfach, wir wollen Deichgraf besuchen.«
Was fiel Bastian ein?
»Seit wann bist du denn verrückt nach Deichgraf? Gibt doch zu, du findest es einfach gut, dass dieser Steinberg ein Auto hat.«
»Du hast doch eine Meise«, protestierte Jule und warf den Plastikstriegel nach Bastian.

Conny, die hinter einem Silageballen Rockys Sattel einfettete, kam mit dem Lappen näher. So ein heftiger Wortwechsel?

Zwischen Jule und Bastian, dem heimlichen »Traumpaar« auf Birkenhain? Das war neu.

Als beide gerade mal Luft holten, mischte Conny sich von hinten ein. »Okay, ich bin nicht da. Tut einfach so, als ob ich nicht da wäre.« Das hellblonde Mädchen hielt sich den Putzlappen vors Gesicht, als ob sie sich dahinter unsichtbar machen könnte. Die Streithähne drehten sich um.

»Wie gesagt, ich bin nicht da«, sagte Conny. »Aber *wenn* ich da wäre, dann würde ich sagen: ›Müsst ihr euch benehmen wie zwei durchgeknallte Affen? Könnt ihr euch vielleicht endlich unterhalten wie Lebewesen mit einer Mindestmasse Hirn?‹«

»Halt dich raus, Mücke!«, sagte Bastian finster. »Du kannst nicht mitreden. Es sei denn, du willst auch mit dieser Ratte nach Bargteheide fahren.«

»Genau das habe ich vor«, hörte Conny sich sagen. Zwar stimmte das gar nicht, aber sie merkte, dass die Lage durch ihre Behauptung entschärft wurde. Conny zuckte die Schultern. »Je mehr wir sind, desto besser. Warum fährst du nicht auch mit, Bastian? Dann kriegen wir den Angeber schneller klein.«

Logisch eigentlich.

Jule und Conny brauchten trotzdem noch eine Viertelstunde, bis Bastian sich zum Mitkommen überreden ließ.
Al knurrte ungehalten, als er hörte, dass jetzt auch Bastian und Conny mit nach Bargteheide fahren wollten. Jedenfalls sagte er diesmal nicht: »Sicher, Baby.«
Aber Kai Jensen bekam Connys Frage mit und verdonnerte Al dazu, alle mitzunehmen.
»Morgen hänge ich ein paar Infos über die Versteigerung auf«, versprach Herr Jensen.

Als die Mädchen am nächsten Morgen im Stall erschienen, mühte Kai Jensen sich gerade am schwarzen Brett ab einen Zeitungsausschnitt auf die harte Platte zu heften. Zwei spitze Pinnwandstifte klemmten zwischen seinen Lippen, ein Leichtsinn, den er bei seinen Reitschülern nicht duldete. Jensen zeigte auf den Bericht.
»60 Pferde sind schon da«, quetschte er zwischen den beiden Stiften hervor. »Aus einem Gestüt in Brandenburg.«
Jensen befestigte den letzten Stift. »Ein paar Pferde kommen sicher noch dazu, hier aus der Gegend. Jeder, der rund um Bargteheide wohnt, kann sein Pferd auf der Auktion anbieten und verkaufen. Praktisch, was? So spart man sich den ganzen Umstand mit Zeitungsanzeigen.«

Herr Jensen ging zur Seite. Sein Artikel hing neben einer Seite über Tiertransporte, die Conny aus einer Pferdezeitschrift ausgeschnitten hatte. Auf der Unterschriftenliste darunter hatte sich der ganze Stall eingetragen. Die Liste sollte an den Landwirtschaftsminister geschickt werden. Als Protest gegen die schlimmen Zustände auf Tiertransporten.
Keines der Mädchen ahnte, wie bald sie hautnah mit diesem Thema zu tun haben würden. Im Augenblick dachten alle nur an die Pferde-Versteigerung in Bargteheide.
Conny und Jule stellten sich auf die Zehenspitzen, um den klein gedruckten Artikel entziffern zu können.
Al gesellte sich zu ihnen. Er nutzte jede Gelegenheit, seine Arbeit zu unterbrechen.
»... ein Geheimtipp, um preiswert an ein Pferd zu kommen«, las Jule vor. »Freitag ab 9 Uhr Besichtigung der Auktionspferde, Auktionsbeginn 14 Uhr.«
Al schlug vor Freitagmorgen früh loszufahren, am besten schon um acht Uhr. Aus einem durchsichtigen Grund: Er hoffte dadurch, der Stallarbeit zu entgehen.
Aber diesen Zahn zog ihm Kai Jensen gleich wieder.
»Muss ich etwa vorher noch ausmisten?«, fragte Al missmutig.
Kai Jensen klopfte ihm auf die Schulter und nickte.
»Sicher, Baby«, sagte er.

3. Kapitel

. . . zum Dritten

»Ein richtiger Geheimtipp ist das aber nicht«, stellte Jule fest, als sie am Freitagnachmittag aus dem Corsa kletterte. »Bei dem Andrang hier.«

Neugierig sahen die Hamburger sich auf dem Auktionsgelände bei Bargteheide um.

Zwischen dem Torbogen, durch den sie gekommen waren, und dem weißen Gutshaus mit der breiten Treppe standen geparkte Autos, ein Teil davon mit Hängern. Obwohl die Wagen sich auf dem weitläufigen Hof ein wenig verloren, war doch auf Anhieb klar, dass sich hier viele Pferdefreunde trafen.

Ahornbäume und eine Reihe hoher Buchen säumten das alte Gut. In der Sonne, sie stand schon tief im Westen, leuchteten die Blätter gelb, orange und rot. Wäre nicht die typische Herbstfärbung des Laubs gewesen, hätte man an einen Sommertag denken können. Auch des-

halb, weil alle Fenster im Gutshaus weit offen standen. Direkt an das beeindruckend schöne Hauptgebäude waren schmucklose Stallungen und eine moderne Reithalle angebaut.
Auf dem quadratischen Hof herrschte reger Betrieb. Ständig wurden Pferde in die Halle geführt, andere kamen heraus. Sogar Stuten mit Fohlen bei Fuß waren dabei. Aufgeregt hopsten die Pferdekinder um ihre Mütter herum, die ganz gelassen blieben.
Jule reckte sich ausgiebig. Zu fünft in einem Kleinwagen, das war doch etwas eng. Zumindest hinten. Den bequemen Beifahrersitz hatten die Mädchen Bastian überlassen, wegen seiner langen Beine.
Sie waren später aus Hamburg weggefahren als geplant. Mit Flecken-Paula, dem Voltigierpferd, gab es einige Probleme und Jensen brauchte bis nachmittags Albrechts Hilfe im Stall. Der Besuch bei Deichgraf musste gestrichen werden, sonst hätten sie die Versteigerung verpasst.
Al, natürlich in seiner schwarzen Leder-Kluft, war unterwegs ganz zahm gewesen. Fast vernünftig. Damit war es aber vorbei, kaum dass er auf dem Gut ausgestiegen war. Sobald Albrecht Steinberg Zuschauer hatte, verfiel er in seine Lieblingsbeschäftigung – Angeben und Sticheln.
»Na, hast du Deichgraf schon entdeckt?«, machte er Im-

ke an. »Der wird doch hier bestimmt verkauft. Darauf könnte ich wetten.«
»Was?« Imkes Gesicht verlor die Farbe. »Wie kommst du darauf?«
Al feixte.
»Wer behält schon einen lahmen Gaul?«
Unsanft stieß Bastian ihn in die Seite. »Hör auf mit deinem blöden Gerede, Steinberg. Sonst gibt es gleich richtig Ärger.«
»Etwa mit dir, Baby?«
Jetzt fing das schon wieder an!
Conny packte die beiden Jungen von hinten am Hosengürtel und schob sie vorwärts, Richtung Reithalle.
»Wenn ihr nicht sofort aufhört, lassen wir *euch* versteigern«, drohte sie, »und von dem Geld kaufen wir uns ein paar friedliche Männer für Birkenhain.«
Sie schlüpften hinter einem Pferdebesitzer mit einem Fuchswallach in die Reithalle. Durch halbhohe Fenster und Dachelemente aus Glas flutete viel Licht herein. Die Halle war so groß wie ihre auf Birkenhain, nur ohne Tribüne. Für etwa 200 Zuschauer war ein Drittel der Halle abgeteilt und mit weißen Kunststoffstühlen bestückt worden.
Die Hamburger drängelten sich durch das Publikum zu einigen freien Plätzen am Ende der Halle.
Ein niedriger Ernteanhänger, geschmückt mit Herbst-

laub und Astern, diente als Plattform für den Auktionator; er saß hinter einem Pult auf diesem Wagen. Der Mann mit angestrengtem, rotem Gesicht trug einen dunklen Anzug, dazu einen steifen, schwarzen Hut, eine so genannte Melone.

Der Auktionator stellte jedes neu hereinkommende Pferd vor – Name, Rasse, Stute, Hengst oder Wallach, Alter, Abstammung, Turniererfolge. Dann nannte er das Anfangs-Gebot, also den Betrag, für den das Pferd mindestens verkauft werden sollte.

Der Fuchs, der mit ihnen hereingekommen war, wurde gerade im Schritt und Trab vorgestellt.

»Schöne Gänge«, sagte Al unüberhörbar und schlug seine Beine übereinander, damit auch jeder seine Angeberstiefel sehen konnte.

»Wirklich, schöne Gänge«, sagte er noch einmal unangemessen laut. Triumphierend sah er sich um, ob alle seine Fachkenntnis vernommen hatten. Statt anerkennender Blicke erntete er von den Zuschauern aber nur ein paar gezischte »Psst« und »Ruhe da hinten!«.

Das Mindestgebot von 3.000 Mark war schnell überholt. Aus allen Ecken boten die Leute mit. Wer die Hand hob, schraubte den Preis jeweils um 200 Mark höher. Der Auktionator zählte laut mit.

»5.000 der Herr hier rechts, 5.200 die Dame in Rot dort drüben. 5.400 die Dame in Dunkelblau an der Tür.«

Der Chef der Versteigerung ließ den Blick schweifen, konnte aber keine neuen Hände entdecken.
»5.400 Mark sind geboten. Höre ich 5.600? Bietet niemand mehr als 5.400?«
Offensichtlich nicht. So griff er zu seinem Hämmerchen und verkündete: »5.400 Mark zum Ersten, 5.400 zum Zweiten und 5.400 zum Dritten.«
Er zeigte auf die Stühle neben der Tür. »Der Fuchs geht an die junge Dame in der ersten Reihe.«
Mit glänzenden Augen stand die angesprochene Frau im dunkelblauen Hosenanzug auf und eilte nach vorn, um zu bezahlen.
»So viel Geld müsste man haben«, stöhnte Jule. »Die kommt einfach hier herein und kauft mal eben ein Pferd. Im Vorbeigehen. So wie ich mir einen Schokoriegel kaufe. Mensch, Leute, das möchte ich auch.«
Bastian lachte. »Hör auf! Du würdest doch nie im Leben Sally in der Reitschule lassen und dir eins von diesen Pferden kaufen. Und wenn du beide Taschen voller Geld hättest.«
»Stimmt«, gab Jule zu.
Es ging weiter. Schlag auf Schlag wurden neue Pferde hereingeführt. Bei jedem braunen Wallach machte Imke Zavelstein sich ganz klein und hielt die Luft an. Das war doch nicht etwa Deichgraf? Erst, wenn der Name vorgelesen wurde, wagte sie wieder zu atmen. Die gemeine

Bemerkung von Al »Wer behält schon einen lahmen Gaul?« hatte Imke tief getroffen.
Gab es denn nur braune Pferde bei dieser Versteigerung? Imke schien es jedenfalls so. Insgeheim schimpfte sie mit sich, dass sie auf Al Steinbergs fiese Worte überhaupt etwas gab. Gerade hatte Imke sich ein wenig beruhigt, da passierte es.
Ein weiteres Pferd, wieder ein Brauner, wurde von einem jungen Mann hereingeführt – und Imkes Herz setzte fast aus.
Der edle Kopf mit den schönen Ohren, das Gesicht ganz braun ohne weiße Abzeichen. Keine Blesse, kein Stern. Die Mähne war dicht und seidig.
»Deichgraf«, murmelte Imke. Vor Schreck war sie wie gelähmt. Die anderen Hamburger Mädchen und Bastian waren genauso überrascht.
»Der sieht wirklich genauso aus«, flüsterte Jule. »Das gibt's doch nicht.«
»Seid endlich still«, zischte eine Frau vor ihnen.
Der Auktionator sortierte seine Unterlagen, diesmal unendlich umständlich, wie es den Hamburgern schien. Dann las er den Namen vor.
»Dieser bildschöne braune Wallach heißt Deich ...«
Er brach ab und rückte seine Brille zurecht. Imke stöhnte und auch die anderen waren starr vor Entsetzen. Alle, außer Al natürlich.

» . . . heißt Deichseljunge, ein Brandenburger Warmblut . . . «, fuhr der Auktionator fort.
Den Rest wollten die Hamburger nicht mehr hören.
»Lasst uns bloß hier verschwinden, sonst drehe ich durch«, flüsterte Imke den anderen zu. »Ich sehe ja schon Gespenster.«
Die anderen waren einverstanden und zwängten sich hinter Imke durch die Menge nach draußen.
Für einen Besuch bei Deichgraf war es schon zu spät. Imke nahm sich vor gleich morgen mit dem Bus hinzufahren.

4. Kapitel

Schock auf dem Feldweg

Ein glucksendes Geräusch ließ alle aufhorchen.
»Was war das denn? Kam das aus der Musikanlage?«, erkundigte sich Bastian. Sie hatten das Ortsschild Bargteheide gerade hinter sich gelassen.
Conny bog sich auf dem Rücksitz vor Lachen.
»Nein, das war nicht die Welle Nord, das war mein Bauch«, klärte sie die Runde auf. »Ich habe mordsmäßigen Hunger. Warum halten wir nicht irgendwo und machen Picknick? Schließlich soll meine Mutter nicht umsonst gearbeitet haben.«
Der Vorschlag kam gut an. Jeder dachte an die Käse-Baguettes und an die Brötchen mit doppelt gebackenen Spiegeleiern, die Frau Clasen mit Getränken in einer Kühlbox verstaut hatte.
Albrecht Steinberg bremste den grünen Corsa ab und bog rechts in einen breiten Feldweg ein. Der Weg war nicht

asphaltiert, sondern bestand aus gewalztem Sand und Schottersteinen. Die Reifen holperten durch so tiefe Schlaglöcher, dass alle kräftig durchgeschüttelt wurden. Nach etwa hundert Metern tauchte eine Reihe Holunderbüsche auf, hinter denen der Feldweg eine weite Schleife machte.
»Perfekt für ein Picknick«, fand Imke. Ihr war ein Stein vom Herzen gefallen, seit sie aus der Auktionshalle heraus war. Bloß keine braunen Pferde mehr sehen!
»Denkste«, stöhnte Jule auf. Sie zeigte auf ein rotes Hindernis, das durch die Zweige sichtbar wurde und ihnen den Weg versperrte. Bei näherem Hinsehen erkannten sie, dass es sich bei dem Ungetüm um einen großen Lastwagen handelte.
»Komisch. Was macht der denn hier?«, flüsterte Conny.
»Bestimmt ein Erntewagen. Mit dem Bauern drin, der uns gleich vertreiben wird«, meinte Bastian. »Ich schätze mal, wir sind auf seiner Privatstraße gelandet.«
»Ein Bauer aus Schleswig-Holstein mit polnischem Lastwagen – sonst noch was?«
Al, der jetzt nur noch Schritttempo fuhr, tippte gegen die Stirn. Als Erster hatte er die ausländischen Nummernschilder und das »PL« für Polen am Heck des Fahrzeugs erkannt.
Gerade wollte Bastian aufbrausen und sich den arroganten Ton verbitten, da fühlte er Jules Hand auf seiner Schulter. Das bedeutete so viel wie »Fang jetzt bloß keinen Streit an!«.

Seufzend sank Bastian in seinen Sitz zurück und lenkte seine Aufmerksamkeit auf den Laster.
Der Wagen nahm nahezu die gesamte Breite des Feldweges ein. Er sah heruntergekommen aus und machte einen verlassenen Eindruck. Weit und breit war kein Mensch zu sehen. Vorsichtig, mit der linken Autoseite halb im Graben, bugsierte Al den Corsa an dem Ungetüm vorbei.
Das LKW-Monster wollte gar kein Ende nehmen. An die riesige Zugmaschine war ein ebenso großer Anhänger gekoppelt. Überall blätterte Farbe ab und gab den Blick auf hässliche Roststellen frei. Während die beiden Flügeltüren am Heck des Anhängers dicht verschlossen waren, befanden sich an den Seitenwänden acht schmale Reihen mit jeweils drei eng vergitterten Fenstern. Was heißt Fenster? Die quadratischen Löcher hatten eher die Größe von Schießscharten in einer Burg.
»Sieht aus wie ein Gefangenen-Transporter«, sagte Jule spontan, die insgeheim Als Fahrkünste bewunderte. Wie sicher er an dem Lastwagen vorbeisteuerte – alle Achtung. Das hätte ihr Vater nie geschafft. Oder nur mit wilden Verwünschungen und Schweißausbrüchen.
»Mit Gefangenen-Transporter liegst du gar nicht so falsch«, sagte Albrecht Steinberg. »Aber nicht für Sträflinge, sondern für Pferde!«
Einige Sekunden lang war es im Auto mucksmäus-

chenstill. Jedem dämmerte, was Al meinte, aber keiner wollte das schreckliche Wort aussprechen.
Jule fasste sich als Erste.
»Für ... Pferde? Du meinst ... für Schlachtpferde?«
Sie brachte den ungeheuren Verdacht nur flüsternd über die Lippen.
Für sein blödes Grinsen hätten die anderen Al Steinberg am liebsten aus dem Wagen geworfen. Wie konnte man den Gedanken an Tiertransporte komisch finden? Wird man so abgebrüht, wenn man schon 18 ist?, ging es Jule durch den Kopf.
Al merkte, wie die Luft um ihn herum eisig wurde, und setzte ein ernstes Gesicht auf.
»Kinder, das ist nun mal die Wirklichkeit«, startete er einen Erklärungsversuch. Mit dem Wort »Kinder« heimste er weitere Minuspunkte ein. »Solche Trucks rollen doch seit Jahren über die Autobahnen. Zu tausenden ... «
An die Brötchen in der Kühlbox dachte jetzt niemand mehr. Al hatte den Laster endlich überholt und hielt mit einem Sicherheitsabstand von zehn Metern vom Führerhaus entfernt. Als sich auch jetzt nichts rührte, stiegen die Hamburger aus und näherten sich vorsichtig dem schrottreifen Gefährt.
»Da, lest mal!«
Imke Zavelstein deutete auf die große Aufschrift, die sich auf voller Länge über die Seitenwand des Anhängers zog:

TRANSPORT INTERNATIONAL.

Und dann blickten alle fast gleichzeitig in ein Paar dunkle Pferdeaugen, die durch die Gitterstäbe lugten. Es war ein Blick, der tief ins Herz traf – unendlich verzweifelt und traurig.

Holt mich hier raus!, flehten diese Augen.

Auf der Stirn trug der Braune ein weißes Abzeichen, einen kleinen Stern. Wie unsere Sally, ging es Jule durch den Kopf. Nur dass bei diesem Pferd der Stern blutverschmiert war. Offensichtlich hatte sich das Tier verletzt oder wund gescheuert.

»Ob sie wohl Durst hat? Oder Hunger?«, wisperte Jule. Ohne nachzudenken, hatte sie den Braunen als Stute eingeordnet. Weil das Pferd sie eben sofort an Sally erinnerte.

Conny und Imke liefen zur Böschung und rupften dort ein paar Büschel Gras ab. Aufmerksam verfolgte das eingesperrte Pferd jede ihrer Bewegungen.

Im Laster entstand Unruhe. Offensichtlich standen noch mehr Pferde da drinnen. Lautes Stampfen und Scharren drangen nach draußen. Aber im Gegenlicht waren die Körper kaum auszumachen. Richtig erkennen konnte man nur das braune Pferd vorne.

Als die Mädchen ihre Grashalme durch die Eisenstäbe stopften, schnappte es gierig nach dem saftigen Grün. Aber das meiste Gras fiel auf den Boden. Das Gitter war einfach zu eng.

»He, was macht ihr da?«
Keiner hatte den Mann kommen hören, der plötzlich hinter ihnen stand.
Er war nicht groß, etwa 1,70 Meter. Unter einer altmodischen blauen Latzhose trug er einen abgetragenen, braunen Rolli. Gekräuselte Haare krochen rechts und links unter seiner karierten Schirmmütze hervor. Er musste um die 50 sein. Bastian vermutete, dass der Mann sich in der Fahrerkabine ausgestreckt hatte und durch ihre Stimmen aufgeschreckt worden war.
»Und Sie, was machen *Sie* hier?« Jule schlug einen kämpferischen Ton an. »Warum stehen die Pferde in diesem ... Gefangenen-Transporter?«
Der Lastwagenfahrer zuckte die Schultern.
»Muss Pferde nach Italien bringen«, sagte der Mann in gebrochenem Deutsch.
Jule sah Conny an, dann Bastian und Imke, die aber nur Augen für den rostigen Transporter hatten. »Fragt ihr ihn doch, was sie da mit den Pferden machen«, sagte Jules Blick. Sie selbst wagte nicht zu fragen. Eine innere Stimme sagte, dass sie die traurige Antwort schon kannte.
»Ihr habt Pferde?«, fragte der Fahrer unvermittelt und zeigte auf Albrechts Auto. Natürlich, die Pferde-Sticker auf der Heckscheibe fielen ja meilenweit auf.
»Ja, aber wir sind Reiter und keine Tierquäler«, entrüstete sich Conny. »Wie können Sie nur so etwas tun. Ich

meine ... Pferde in diese Kiste zu quetschen und bis nach Italien zu transportieren. Ohne Wasser und Futter. Das ist doch ein Schlachtpferde-Transporter oder etwa nicht? Eine Schweinerei!«

Conny redete sich richtig in Wut. Sie war den Tränen nahe. Zu häufig hatte sie in der Zeitung von den schrecklichen Szenen gelesen, die sich in den rollenden Pferde-Gefängnissen abspielten. Oft waren die Lastwagen 90 Stunden und länger unterwegs, bis sie die Schlachthöfe im tiefen Süden Italiens oder Frankreichs erreichten.

Trotzig sah sie den Fremden an. Sollte der doch ausrasten, dieser Tierquäler, das war ihr egal.

Man sah ihm an, dass er mit sich kämpfte. Sollte er die jungen Leute vertreiben oder mit ihnen reden?

»Passe immer auf, dass Pferde Wasser haben«, verteidigte er sich etwas hilflos. »Auf Rasthof. Autobahn.«

Aber Conny blieb aggressiv.

»Sie können uns viel erzählen. Warum verstecken Sie den Wagen denn hier?«

Joseph, so hieß der Mann, wie sie wenig später erfuhren, setzte sich auf die Böschung und stützte den Kopf in beide Hände. Sein Chef verlangte, sagte er, dass er den Transporter immer auf abgelegenen Feldwegen parkte, damit Tierschützer ihn nicht entdeckten.

Erst stockend, dann immer schneller berichtete Joseph in schwer verständlichem Deutsch die Sache mit den

Pferdetransporten aus seiner Sicht. Dass viele seiner Landsleute so wenig Geld haben, dass es nicht für die ganze Familie reicht. Dass sie darum jeden Job nehmen, den sie bekommen können. Auch er habe sich nicht träumen lassen, eines Tages Schlachtpferde durch Europa zu transportieren. Aber er habe dringend Geld verdienen müssen und nichts anderes gelernt, als Lastwagen zu fahren.
»Leute in Regierung sind schuld«, sagte er zum Schluss. »Politiker müssen andere Gesetze machen für arme Pferde.«
In das betretene Schweigen hinein fragte Jule: »Und warum stehen Sie hier mit Ihrem Transporter und sind nicht auf der Autobahn unterwegs?«
»Warte Ende von Pferde-Versteigerung ab«, sagte Joseph achselzuckend. Die Pferde, die bei der Auktion keinen neuen Besitzer fänden, würden billig an ihn verkauft. Sie kämen mit auf den Transporter nach Italien. »Habe schon zwei Braune drauf.« Er deutete auf seinen Hänger.
»Sie meinen . . . Pferde von der Versteigerung?«, fragte Imke stockend.
Joseph nickte.
Wie von Sinnen rannte Imke auf den Lastwagen zu. »Machen Sie sofort die Tür auf«, schrie sie. »Ich will die Pferde sehen. Alle.«

Joseph kam ihr zuvor und breitete die Arme aus. Abwehrend stellte er sich vor die breite Doppeltür.
»Nix öffnen«, sagte er mit Nachdruck. »Ist gefährlich.«
Er merkte, dass die Situation zu entgleisen drohte. Darum sagte er barsch: »Geht weg! Schnell! Geht weg!«
Die anderen waren Imke ein paar Schritte gefolgt. Bastian packte das aufgebrachte Mädchen am Arm.
»Mach dich nicht verrückt«, beschwor er Imke und zog sie zurück. »Das müsste ja ein schrecklicher Zufall sein, wenn Deichgraf . . . «
»Ich muss weg hier«, sagte Conny mit gesenktem Blick. »Sonst werde ich noch verrückt.« Ohne sich umzudrehen, ging sie mit den anderen zum Auto. Imke war kreidebleich.
Connys Gedanken überschlugen sich. Sie musste etwas für die armen Pferde tun, das stand fest. Aber was? Bis morgen früh stand der Transporter noch hier. Bis dahin musste sie sich etwas einfallen lassen.
Joseph blickte hinter ihnen her und drehte dabei seine Mütze in der Hand zusammen, bis sie völlig verknittert war.
Al wendete auf dem Feldweg. Als sie noch einmal an dem roten Transporter vorbeifuhren, wagte es niemand, einen letzten Blick auf den Braunen zu werfen, der seine Zähne am Gitter wetzte. Nicht mal Al wollte erneut in diese Augen sehen.

In letzter Sekunde riss Bastian seine Sofortbild-Kamera hoch und machte in einer plötzlichen Eingebung aus dem offenen Autofenster zwei Fotos. Eins vom Transporter, ein zweites vom Nummernschild.
Während der Rückfahrt auf der Bundesstraße nach Hamburg sagte keiner ein Wort.
Aber jeder wusste von dem anderen, was ihm durch den Kopf ging – Bilder von Pferdetransporten. Bei Verkehrskontrollen entdeckte die Polizei immer wieder entkräftete Tiere, die auf engstem Raum zusammengepfercht waren.
Oft war so ein voll gestopfter Transporter schwerer als erlaubt. Dann wurden nicht etwa die Tiere ausgeladen. Nein, die LKW wurden einfach einen Tag auf dem Parkplatz stehen gelassen. Die Tiere mussten hungern, bekamen nicht einmal Wasser. Erst wenn die Pferde die nötigen Kilo »abgenommen« hatten, ging die Fahrt weiter.
Erst kürzlich stoppte die Autobahnpolizei bei Göttingen einen Lastwagen mit 14 Schlachtpferden aus Osteuropa, die in einem jämmerlichen Zustand waren . . .
»Und was ist, wenn Deichgraf doch . . . «, unterbrach Imke Zavelstein die Stille. Sie biss sich auf die Lippen. Den Satz wollte sie auf keinen Fall zu Ende denken, geschweige zu Ende sprechen. Imke wusste, sie bekam kein Wort heraus, ohne loszuheulen.
Zwar hatte die neue Besitzerin ihr fest versprochen

Deichgraf als Beistellpferd zu behalten. Ja, sicher. Aber hatte Imke nicht schon oft erlebt, dass Erwachsene sich nicht an ihre Versprechen hielten?
»Würde mich wirklich nicht wundern«, schaltete Al sich ein, »wenn Deichgraf auf die Reise nach Italien geht.«
Er stellte seinen Rückspiegel so ein, dass er Imke beobachten konnte. »Meinst du, ein Pferdebesitzer will endlos Geld in den Tierarzt stecken?«
Imke wurde noch eine Spur blasser und die anderen stöhnten entsetzt auf. Dieser Al – wie konnte er nur so gemein sein. Der schien seine Freude daran zu haben, Imke zu quälen. Oder redete er nur so kariert, um sich wichtig zu machen?
Andererseits: Ganz so abwegig war der Gedanke ja nicht, dass Deichgraf weiterverkauft wurde. Vielleicht war sein lahmes Bein noch schlechter geworden? Unheilbar? Oder hatte er auf der Weide Pferde geschlagen und die anderen Besitzer verärgert? Aber das waren noch lange keine Gründe, Deichgraf auf einen Schlachtpferde-Transport zu geben.
»Wir fahren zurück.«
Imke sagte das so bestimmt, dass jeder Einspruch zwecklos erschien. Das merkte selbst Al. Imke beugte sich nach vorn über den Fahrersitz.
»Wir fahren zu Deichgraf, egal, wie spät es ist. Ich will

wissen, ob er noch in seiner Box steht. Diese Ungewissheit halte ich nicht bis morgen aus.«
Wie auf Kommando blickten alle auf ihre Armbanduhren. 18.35 Uhr.
Jule dachte daran, dass sie zu Hause noch den Rasen mähen wollte. Was hieß *wollte* ... musste! Ach was, der blöde Rasen konnte warten. Jule sah das trotzige Aufblitzen in Imkes Augen und wusste, dass sie ohnehin ihren Kopf durchsetzen würde. Und außerdem, was war wichtiger: das Leben eines Pferdes oder ein paar lange Grashalme?
In der nächsten Nebenstraße wendete Al, ohne ein Wort zu sagen, und brauste zurück nach Bargteheide.
Komischer Kerl, dachte Jule. Eben noch hatte er Imke oberfies behandelt, jetzt wollte er es wieder gutmachen.
Da der Himmel inzwischen wolkenverhangen war, legte sich die Dämmerung bereits über das flache Land. Eine Kirchturmuhr schlug gerade sieben Mal, als der grüne Corsa erneut das Ortsschild von Bargteheide passierte. Der Stall von Frau Decker lag etwas außerhalb. Man musste zuerst ins Zentrum, dann über kleine Straßen Richtung Osten.
Imke, die Deichgraf schon zweimal besucht hatte, übernahm das Kommando: »Nach der zweiten Kreuzung rechts einbiegen, an der Tankstelle wieder rechts, dann geradeaus ... «

Endlich konnte sie etwas tun und sofort fühlte Imke sich besser! Sie fanden ihr Ziel ohne Probleme. Inzwischen hatte sich das Tageslicht endgültig verabschiedet.
In dem kargen Schein von zwei funzligen Lampen erkannte man den Hof und einen langen, hölzernen Flachbau, den Stall. Dort gab es acht geräumige Boxen, in denen Privatpferde untergebracht werden. Jeweils vier Boxen lagen sich gegenüber, getrennt durch eine schmale Stallgasse. Die Besitzer der Pferde wohnten in der Umgebung von Bargteheide.
Etwa 20 Meter neben dem Stall stand ein niedriges, rot geklinkertes Häuschen mit Sprossenfenstern.
Imke erinnert sich, dass dort Herr Rosenfelder lebte, ein älterer, wortkarger Junggeselle, der früher viel mit Pferden zu tun gehabt hatte. Mehr wusste Imke nicht über Herrn Rosenfelder. Nur dass er die Pferde versorgte und sie im Sommer auf die angrenzende Weide brachte. Frau Decker hatte ihr gesagt, dieser Rosenfelder sei ein kauziger Typ, der jeden Kontakt mit den Reitern mied.
Al blieb hinterm Lenkrad sitzen, Bastian stand Schmiere neben der Motorhaube. Bei Gefahr wollte er ihren vertrauten Erkennungspfiff pfeifen, der sich mit viel Phantasie anhörte wie »Vor-der-fuß-wur-zel-ge-lenk«. Dreimal lang, zweimal kurz, zweimal lang.

5. Kapitel

Wo ist Deichgraf?

Der Zugang zum Pferdestall war mit einer einfachen Kette gesichert, die man jedoch problemlos ein- und aushaken konnte. Im Haus von Herrn Rosenfelder brannte kein Licht. Schlief er etwa schon? Oder war er nicht zu Hause?
»Pssst.«
Imke legte den Zeigefinger auf den Mund, weil die anderen laut diskutierten. »Braucht ja niemand zu hören, dass wir hier eindringen.«
Die Doppeltür vorne im Stall war verschlossen. Durch die Glasfenster in halber Höhe hatte man jedoch gute Sicht ins Innere. Es dauerte dennoch einige Zeit, bis sich die Augen an das Halbdunkel gewöhnt hatten. Die Pferde standen teils dösend, teils Heu malmend in ihren Boxen. Ein Andalusier lag mit untergeschlagenen Vorderbeinen im Stroh und hob aufmerksam den Kopf, als er draußen etwas hörte.

Die zweite Box auf der linken Seite stand leer. Es war die von Deichgraf.
Imke konnte einen Aufschrei nicht unterdrücken. »Sie hat ihn verkauft . . . sie hat ihn verkauft.« Entsetzt schlug sie die Hände vors Gesicht.
Conny und Jule versuchten Imke zu beruhigen. »Nun mal keine Panik«, flüsterte Jule und legte sogar den Arm um Imkes Schulter. »Bestimmt hat die Decker ihn nur mal wieder in die Klinik zum Röntgen gebracht.«
»Oder sie hat ihn mit in Urlaub genommen«, flüsterte Conny.
Obwohl Imke zu den Nervis gehörte, tat sie allen schrecklich Leid. Sie wussten, wie sehr sie selber leiden würden, wenn ihrem Lieblingspferd etwas passieren würde.
In dem rot geklinkerten Haus ging das Licht an. Gleichzeitig ertönte Bastians Warnpfiff. Mist. Herr Rosenfelder war also doch da.
»Verdammt«, rutschte es Conny heraus.
Die Haustür knarrte und ein kleiner, alter Mann mit ausgebeulter Cordhose schlurfte auf sie zu. Seine fröhliche blonde Lockenmähne stand in merkwürdigem Kontrast zu seinem abweisenden Gesichtsausdruck. In der Hand hielt er eine Taschenlampe, deren Lichtkegel er auf den Gesichtern der ungebetenen Besucher tanzen ließ.
»Was treibt ihr hier?«, knurrte er unfreundlich. »Das ist Privatgelände. Ihr habt hier nichts zu suchen.«

Er griff in seine Hosentasche. Conny blieb fast das Herz stehen, weil sie an eine Pistole dachte, aber Herr Rosenfelder holte nur ein Handy heraus, mit dem er vor ihren Nasen herumfuchtelte. »Verschwindet oder ich rufe die Polizei.«

Als er tatsächlich Anstalten machte, die Nummer einzugeben, löste sich Imke aus der Gruppe.

»Aber Herr Rosenfelder, Sie kennen mich doch. Ich war schon öfter hier.«

Der Mann stutzte. Unter der blonden Löwenmähne schien es zu arbeiten. Sein Gehirn rief wohl gerade alle Bilder von Mädchen ab, die er in den letzten zwölf Monaten auf seinem Grund und Boden gesehen hatte. Es schien zu funktionieren, denn sein Gesicht hellte sich etwas auf.

»Ach, du bist die Kleine aus Hamburg. Die den Deichgraf gebracht hat.« Er nickte zufrieden. »Und ich dachte schon, da kämen wieder . . . Klaubrüder. Hier ist schon zweimal eingebrochen worden. Alle Sättel weg.«

»Aber nein, Herr Rosenfelder.« Imke verschluckte sich vor Aufregung und bekam Seitenstiche. »Wir wollten einfach sehen, wie es Deichgraf geht.«

Imke holte tief Luft. Auf einmal wurde sie ganz blass und fing an zu zittern. Sie umklammerte den Arm des kleinen Mannes, ohne es selber zu bemerken.

»Herr Rosenfelder, was ist mit Deichgraf? Er steht nicht mehr in seiner Box. Heute war Pferdemarkt in Bargteheide, und weil Deichgraf doch immer lahmte, da dachte ich ... ich meine, da hatte ich Angst, dass er ... «

» ... da habt ihr euch gedacht, dass Frau Decker den Deichgraf verscherbelt hat«, ergänzte Herr Rosenfelder. »Nicht schlecht kombiniert. Hm, ich kann euch nicht viel erzählen. Ich habe nur mitbekommen, dass die Decker und ihr Mann das Pferd heute früh abgeholt haben. Hab's auch nur durchs Fenster gesehen, war gerade beim Rasieren. Tja, mehr weiß ich nicht.«

Imke ließ seinen Arm los. Alle fünf Finger von Imkes Hand hatten deutliche Spuren hinterlassen. Herr Rosenfelder rieb die roten Druckstellen und murmelte: »Also, ich sage es nicht gern, aber dem Pferd ging es bestimmt nicht gut. War kaum auf den Hänger zu kriegen.«

Niedergeschlagen machten die Mädchen sich auf den Weg zum Auto.

Zu wissen, dass Deichgraf nicht in seinem Stall stand, war fast noch schlimmer als die Ungewissheit vorher. Bis dahin konnten sie noch hoffen, dass alles nur Hirngespinste waren. Aber nun? Die bange Frage, wo Deichgraf steckte, blieb unbeantwortet.

»Als wir nach Bargteheide hereinfuhren, habe ich eine Telefonzelle gesehen«, sagte Conny, als sie wieder im Auto saßen und den Jungen alles erzählt hatten. »Warum rufen wir diese Frau Decker nicht an? Hast du ihre Nummer, Imke?«

Imke zuckte hilflos mit den Schultern. Ihr war übel. Die Aufregung war ihr fürchterlich auf den Magen geschlagen und sie hatte das Gefühl, dass ihr Mittagessen jeden Moment wieder herauswollte.
Ausgerechnet Jule, die meistens am schlechtesten von allen auf Imke zu sprechen war, kam ihr zu Hilfe.
»Wird ja wohl ein Telefonbuch in der Zelle liegen, in dem wir Frau Decker finden.«
Kurz drauf stoppte der grüne Wagen vor dem Telefonhäuschen und Imke kletterte heraus, gefolgt von Conny. Das Licht in der Zelle war so schummerig, dass Imke Mühe hatte, die endlosen Namenskolonnen zu lesen. Zu allem Ärger war das Telefonbuch arg zerfleddert, als hätten hier Vandalen gehaust. Einige Seiten – zum Glück nur die von H bis K – fehlten ganz.
»Decker, Jörg, Steuerberater, Hurtigstraße 24.«
Endlich hatten sie den Namen gefunden. Da kein anderer Decker eingetragen war, musste es sich um die richtige Adresse handeln. Imke ließ es lange klingeln – doch niemand nahm ab. »Vielleicht hast du dich verwählt«, sagte Conny, die sich neben Imke in die Zelle gezwängt hatte. »Lass mich mal probieren.« Aber auch der zweite Versuch blieb erfolglos.

6. Kapitel

Geheimtreffen bei Nacht

Weil Flecken-Paula den ganzen Tag über unruhig gewesen war und nicht richtig fressen wollte, sah Kai Jensen am späten Abend noch einmal nach dem Rechten. Vielleicht kündigte sich bei seiner braun-weißen gepunkteten Knabstrupper-Stute eine Kolik an? Mit Koliken, das wusste der Besitzer des Reiterhofs Birkenhain aus leidvoller Erfahrung, war nicht zu spaßen.

Weit hatte Jensen es nicht bis in den Stall, er brauchte nur die Treppe herunterzusteigen. Seine kleine Wohnung lag im Dachgeschoss des alten Bauernhauses, in dem unten Boxen und Reithalle untergebracht waren.

Um die anderen Pferde nicht zu stören, schaltete er das Licht nur in der Futterkammer an. Mit schlafwandlerischer Sicherheit ging er im Halbdunkel durch die Stallgasse. Diese ungestörten Minuten mit seinen Pferden genoss Kai Jensen sehr. Nach einem turbulenten Tag mit

unzähligen Reitschülern war die Ruhe im Stall eine richtige Erholung.
Beim Vorbeigehen an King Louis' Box sah er den alten Braunen dösend im Stroh liegen, sein Atem ging leise und gleichmäßig. Obwohl seine Wachsamkeit auf Sparflamme geschaltet war, nahm das Pferd Jensen sofort wahr. Als der Stallbesitzer auf Höhe seiner Tür war, schnorchelte King Louis etwas lauter. Jensen schmunzelte. Sein gutes altes Leitpferd. Conny hätte das Schnorcheln so übersetzt: »Hallo, Chef, ich hab alles im Griff, auch wenn ich liege.«
Conny und ihr Hobby! Bei jeder Gelegenheit – und davon gab es reichlich – versuchte sie die Gedanken der Pferde in Menschensprache auszudrücken. Wörtlich. Später wollte sie ein Buch darüber schreiben, weltberühmt und reich werden und seinen Reiterhof Birkenhain kaufen.
Jensen seufzte.
Wie viel Arbeit Pferdehaltung machte, das konnten sich die Mädchen gar nicht vorstellen. Auch wenn sie tüchtig im Reitstall helfen. Aber was sonst noch dazukam – die Nachtwachen bei kranken Pferden, die hohen Rechnungen für Futter, Schmied und Tierarzt –, das war nicht ohne.
Er hoffte, dass es ihm heute erspart blieb, Tierarzt Teichmüller zu rufen, als er auf Flecken-Paulas Box zusteuer-

te. Durch die Boxenwand, die aus weit auseinander stehenden Stahlrohren bestand, sah er Paula, sein Voltigierpferd, ruhig in der Ecke stehen.
Jensen überprüfte ihr Tränkebecken, das er abends bis oben hin gefüllt hatte. Leer getrunken. Ein gutes Zeichen.
»Alles in Ordnung mit dir?«, fragte er Paula mit ruhiger Stimme, so wie er immer mit seinen Pferden redete, wenn er allein mit ihnen im Stall war.
Allein? War er wirklich allein?
Kai Jensen hatte im Laufe der Jahre ein ähnlich feines Gehör für unbekannte Töne entwickelt wie seine Pferde. Für Geräusche, die nicht in seinen nächtlichen Stall passten. Die anders klangen als zufriedenes Schnauben, Hufscharren, Rascheln des Strohs, auch als das emsige Hin- und Herflitzen einer Landmaus oder die nahezu lautlose Jagd von Blaumann, dem Stallkater.
Dieses Wispern – ein anderer als Kai Jensen hätte es kaum vernommen – kam eindeutig nicht von den Tieren. Es kam von draußen!
Leise schloss Jensen die Box seiner Knabstrupper-Stute, löschte das Licht in der Futterkammer und schlich zu dem Klappfenster, hinter dem er die Stimmen vermutete. Das kleine Oberlichtfenster stand einen Spalt weit offen. Alles, was sich draußen regte, konnte man gut hören.
Jensen zog eine kleine Trittleiter heran, stieg auf die oberste Stufe und lauschte angestrengt in die Nacht.

Doch da war lediglich das Spiel des Windes in den Birken, die den Reitstall säumten. Hin und wieder der Ruf eines Käuzchens.
Ob er sich geirrt hatte?
Nein! Da war es wieder, dieses Wispern. Ganz deutlich flüsterte jemand vor dem Fenster: »Quatsch. Du hast dich verhört. Wer soll denn jetzt noch im Stall sein? Herr Jensen liegt doch längst im Bett, so früh, wie der morgens rausmuss.«
Eine Mädchenstimme. Kai Jensen war ziemlich sicher, dass es die Stimme von Conny Clasen war.
Er schaute auf die Leuchtziffern seiner Armbanduhr. 22.15 Uhr. Was zum Teufel hatte das Mädchen um diese Zeit auf seinem Hof verloren? Mit wem besprach sie heimlich etwas? Und was?
Es war nicht Jensens Art, andere zu belauschen. Doch die ungewöhnliche Stunde genügte ihm als Rechtfertigung, eine Ausnahme zu machen.
»Wir müssen den Transport stoppen«, flüsterte jemand, aber diesmal war es nicht Connys Stimme. Jule Ahrend? Klang ganz so.
»Ja, aber wie?«, fragte nach einer langen Pause jemand anderes, und auch diese Stimme klang ziemlich ratlos. War das nicht ... Imke? Ausgerechnet diese Mädchen standen zusammen vor seinem Stall? Die sich sonst mieden wie Vampire die Knoblauchzwiebeln? Da sollte doch ...

Kai Jensen beendete das Versteckspiel auf seine Weise. Er rastete aus.
»Seid ihr denn bei Trost?«, polterte er los und steckte seinen Kopf durch den Fensterspalt. »Habt ihr keine Betten zu Hause? Um diese Zeit Kriegsrat zu halten! Also wirklich. Na wartet, ich komme heraus.«
Die Gruppe vor dem Klappfenster fiel vor Schreck fast von den Fahrrädern. Da traf man sich ein einziges Mal im Leben zu später Stunde am Stall und ausgerechnet in dieser Nacht musste der Chef noch auf den Beinen sein. Tatsächlich hatten sich Jule, Conny, Imke und Bastian Bachmann nach der Heimkehr aus Bargteheide vor Jensens Stall verabredet, um die kritische Lage zu besprechen. Mit krummen Ausreden hatten sie ihren Eltern die Erlaubnis abgerungen. Komischerweise hatten sie alle etwas von einem kranken Pferd erzählt – ohne zu ahnen, dass Kai Jensen tatsächlich deswegen im Stall auftauchte.
Einige Minuten später stand er mit hochrotem Kopf vor ihnen. Dass seine Füße nicht in den gewohnten Reitstiefeln steckten, sondern in gemütlichen Hausschuhen, entschärfte die Situation nicht wirklich.
»Wisst ihr, wie spät es ist?« Kai Jensen stemmte die Arme in die Hüfte.
Logisch, jeder wusste, wie spät es war. Wie überflüssig, diese Frage. Alle schwiegen.
»Nicht dass ich euch ausspionieren wollte«, fuhr Jensen

schon etwas freundlicher fort. »Aber es hätte ja auch sein können, dass hier ungebetene Gäste auftauchen, ich meine Einbrecher. Deshalb habe ich zugehört. Heraus mit der Sprache – welchen Transport wollt ihr stoppen? Sieht so aus, als ob ich euch vor einer Riesendummheit bewahren muss.«

Es war klar, dass weiteres Reden um den heißen Brei sinnlos war. Bastian war der Erste, der das begriff. Er gab sich einen Ruck.

»Es dreht sich um einen Schlachtpferde-Transport nach Italien«, sagte er. »Der Lastwagen steht bei Bargteheide, Sie wissen schon, da, wo die Versteigerung war. Und wenn uns nicht alles täuscht . . . ich meine, wir befürchten, dass . . . «

Bastian beugte sich zu Kai Jensen vor, damit Imke die schreckliche Vermutung nicht erneut hören musste: »Wir fürchten, Deichgraf steht auch auf dem Transporter.«

»Oje.« Jensen rieb sich das Kinn. »Ein Pferdetransport nach Italien. Aber wie kommt ihr darauf?«

Bastian zog das dunkle Foto von dem langen, vergitterten Lastwagen aus der Tasche und zeigte es Herrn Jensen.

»Ja, ja«, murmelte der nach einem raschen Blick auf das Bild, »so sehen sie aus.«

Dann erzählte Bastian die Geschichte, so kurz und sachlich wie möglich. Zwischendurch wischte Imke sich ein paar Mal über die Augen, hielt aber tapfer durch.

»Sagen Sie selbst, Herr Jensen – das hat Deichgraf nicht verdient«, entrüstete sich Conny. »Wir müssen ihn da herausholen. Unbedingt.«

»Kein Pferd hat das verdient.«

Kai Jensen schüttelte den Kopf. Auch er fand die Schlachtpferde-Transporte schrecklich. Frau Decker, die Käuferin von Deichgraf, hatte einen so anständigen Eindruck auf ihn gemacht. Und die sollte das Pferd auf einen Transport nach Italien verkauft haben? Jensen konnte es kaum glauben.

Niemals hätte er selbst es zugelassen, dass seine Pferde so einen endlosen Leidensweg gehen müssten. Wenn es für ein krankes Pferd keine Chance auf Heilung mehr gab, dann musste man das Tier von den Qualen erlösen. Aber an seinem Heimatort, so schnell wie möglich. Tiere auf enge Lastwagen zu zwingen, wo sie sich gegenseitig verletzten, und tausende Kilometer weit ins Ausland zu befördern, das war einfach ekelhaft. Aus reiner Geldgier wurden die Pferde bis nach Süditalien gebracht, weil dort mehr gezahlt wurde. Wenn es um Geld ging, verloren manche Menschen jedes Mitgefühl.

Jensen seufzte. Nur durch bessere Gesetze könnte man die Transporte abschaffen, genau wie dieser Joseph aus Polen gesagt hatte.

Aber darüber verlor der Stallbesitzer jetzt kein Wort. Stattdessen fragte er in die Runde: »Wann wollte der Lastwagenfahrer weiterfahren?«
»Bei Sonnenaufgang, gegen sechs oder sieben Uhr«, antwortete Conny schnell. Sie witterte, dass der Chef ihnen helfen wollte.
»So ein Transport verstößt doch bestimmt gegen das Tierschutzgesetz«, sagte sie eifrig. »Wenn man das der Polizei erzählt, werden die doch die Pferde herausholen.«
Herr Jensen schüttelte den Kopf. »Kaum. Wegen geschundener Tiere greift so schnell niemand ein, so traurig das klingt.«
Conny regte sich auf und konnte sich gar nicht beruhigen, bis Jule sie schüttelte und sagte: »Sei doch mal still. Ich hab's . . . « Jule hatte sich gerade an die letzte Autobahnfahrt mit ihren Eltern erinnert, vor zwei Wochen zu ihrer Tante nach Wismar. Sie waren in eine Verkehrskontrolle geraten. Wagen für Wagen hatte die Polizei angehalten und überprüft. Zwei uralte Autos durften nicht weiterfahren, weil sie fast auseinander fielen.
»Was ist, wenn die Polizei die Reifen von Josephs Transporter kontrolliert? Die sind sicher grottenschlecht bei dieser Klapperkiste«, sagte Jule zu Herrn Jensen. »Dann muss die Polizei doch etwas unternehmen.«
Etwas Ähnliches war Herrn Jensen auch durch den

Kopf gegangen. »Stimmt«, sagte er. »Nur wenn die Lastwagen nicht verkehrssicher sind, kann man solche Transporte stoppen.«

Jensen streckte die Hand aus. »Zeig noch mal das Foto, Bastian.« Er betrachtete es und nickte dann. »Passt genau auf ... « Haarklein erzählte Kai Jensen, wie Tierschützer in Niedersachsen es kürzlich geschafft hatten, einen Pferdetransporter stillzulegen. Einen, der ähnlich verrostet aussah wie der in Bargteheide.

» ... das ist eure einzige Chance, die Pferde zu retten«, schloss er. »Aber ehrlich gesagt, ich weiß nicht, wie ihr es schaffen könntet. Die Zeit ist einfach zu kurz. Leider, leider. Nun aber ab nach Hause mit euch!«

Einen Moment sah Kai Jensen den roten Fahrradrücklichtern nach, die sich in die Dunkelheit entfernten. Alle Achtung, wie seine Reitschüler sich für die Pferde stark machten. Viel Hoffnung hatte Jensen aber nicht, dass sie das Schicksal der Tiere noch ändern konnten. Es blieben ja nur ein paar Stunden. Er konnte sich kaum vorstellen, dass die Mütter und Väter Lust hatten, mitten in der Nacht als Pferderetter aktiv zu werden.

»Erzählt bloß nicht, dass die Idee von mir ist«, rief er hinter den vieren her. »Sonst kriege ich noch Ärger mit euren Eltern.«

7. Kapitel

Der Polizei-Trick

Es war kurz vor Mitternacht, als im Haus des Bauingenieurs Spielfeld in Belm bei Osnabrück das Telefon klingelte. Eberhard Spielfeld lag schon seit einer Stunde im Bett. Am nächsten Morgen musste er in aller Herrgottsfrühe auf einer Baustelle sein. Im Halbschlaf drehte er sich herum und tastete in der Dunkelheit nach seinem Telefon.

»Verflixt«, murmelte er, als er dreimal ins Leere griff. Zum Teufel, wo lag dieses Mobilteil bloß? Das einzige Ergebnis seines wilden Umherfuchtelns war, dass Herr Spielfeld einen Stapel mit Büchern herunterfegte. Der Apparat jaulte weiter nervtötend.

»Unten«, sagte seine Frau Claudia schlaftrunken und zog sich die Bettdecke über die Ohren. »Du hast den Apparat gestern unten im Büro gelassen.«

Richtig, das Klingeln kam aus einiger Entfernung.

Knurrend rollte Herr Spielfeld sich aus dem Bett.

»Wer um diese Zeit anruft, der muss eine verdammt gute Ausrede haben.« Er tappte die Treppen hinunter in sein Büro, in dem das Telefon verrückt spielte. »Ja, ja.«

Bloß schnell zum Hörer greifen, bevor seine ganze Familie wach wurde! Aber direkt vor dem Drehstuhl stolperte Herr Spielfeld und schlug der Länge nach hin. Ein Fußball rollte unter den Schreibtisch. Mit schmerzverzerrtem Gesicht sortierte der Bauingenieur seine Körperteile. Wie oft hatte er Anders, seinem Sohn, gepredigt den Ball nicht im Weg liegen zu lassen?

Erbarmungslos klingelte das Telefon weiter. Vom Fußboden aus angelte Herr Spielfeld den Apparat zu sich herunter und bellte in die Leitung: »Wer stört?«

Gut, dass ich kein Bildtelefon habe, dachte er und rieb sich sein schmerzendes Bein. Wenn ihn jetzt jemand sehen könnte! Ihn, den angesehenen Baufachmann. Wie er hier unter dem Schreibtisch lag, neben einem Fußball, dessen Muster ihn im Halbdunkel wie ein spöttisches Gesicht angrinste.

Dem Anrufer schien es die Sprache zu verschlagen. Herr Spielfeld hörte nur ein leises Atmen.

»Wer ist denn da?«, fragte er jetzt in normalem Ton. Inzwischen war er richtig wach.

»Nicht böse sein, Onkel Eberhard«, hörte er eine Mädchenstimme, die ihm sehr bekannt vorkam.

»Conny, du?« Endlich hatte er sich aufgerappelt und auf seinen Bürostuhl gesetzt. »Ist was passiert?«
Conny Clasen, die heimlich aus Hamburg anrief, legte einen Arm um ihr Handy. Ihre Eltern mussten ja nicht hören, dass sie um Mitternacht bei ihrem Onkel anrief.
»Nein, das heißt ja . . . nein, nicht mit Mama und Papa . . . aber es ist trotzdem total wichtig.« Als Conny nur ein tiefes Schnaufen als Antwort hörte, fügte sie rasch hinzu: »Es geht um Leben und Tod, Onkel Ebi.«
Und damit hatte sie ja keineswegs Unrecht.
Eberhard Spielfeld war Connys Lieblingsonkel und seine Tochter Anne, 14 Jahre, war Connys Lieblingscousine. Conny bedauerte heftig, dass Anne nicht in Hamburg wohnte. Anne hätte genau in ihre Clique auf dem Reiterhof Birkenhain gepasst.
Ihre beiden Familien, die Clasens und die Spielfelds, hatten die letzten Ferien gemeinsam in einem Haus in Dänemark verbracht. Sie hatten die gleichen Interessen. Spielfelds arbeiteten in einem Umwelt- und Tierschutzverein wie auch Connys Eltern. Darum hatte Conny sich getraut Onkel Eberhard mitten in der Nacht anzurufen. Die Sache mit dem Pferdetransport war schließlich ein Notfall.
»Na, dann schieß mal los, Conny«, hörte sie ihn sagen.
Sofort sprudelte es nur so aus ihr heraus. So schnell und aufgeregt, dass Herr Spielfeld seine Hamburger Nichte

mehrmals bremsen musste. Aber am Schluss wusste er doch Bescheid, dass es tatsächlich um Leben und Tod ging. Um das Leben von Deichgraf und anderen Pferden, die morgen, Samstag, in einem Lastwagen über die Autobahn Bremen–Osnabrück nach Süden gekarrt werden sollten.

»Annes Voltigier-Lehrerin, die Viktoria«, so beendete Conny ihren Bericht, »ist doch bei der Autobahnpolizei. Kann die nicht befehlen, dass der Transporter gestoppt wird, weil er überall kaputt ist? Wegen *technischer Mängel* nennt man das, glaube ich. Viktoria ist doch auch in eurem Tierschutzverein, sagte Anne neulich.«

Der Tipp mit den technischen Mängeln stammte von Reitlehrer Kai Jensen. »Wenn überhaupt eine Chance besteht, die Pferde zu retten«, hatte Kai Jensen bei ihrem heimlichen Nachttreffen gesagt, »dann klappt das nur mit Hilfe der Polizei. Wenn die defekte Teile am Laster entdeckt, muss das Fahrzeug aus dem Verkehr gezogen werden. Da beißt keine Maus einen Faden ab.«

Joseph, der polnische Fahrer, hatte davon gesprochen, über Bremen und Osnabrück zu fahren. Bei dem Gedanken daran hatte Conny einen Geistesblitz gehabt. Folgendes war ihr eingefallen: Vom Elternhaus ihrer Cousine Anne waren es ja nur wenige Kilometer bis zur Autobahnauffahrt Osnabrück-Nord. Und Annes Volti-Lehrerin, die Polizeiobermeisterin Viktoria Grotmeyer, arbeitete direkt an der Autobahn. Der Schlachtpferde-Transporter musste also an ihrer Dienststelle vorbei. Wenn die Polizei da nicht eingreifen konnte! Zumindest ein kleiner Hoffnungsschimmer für die Pferde.

»Will sehen, was sich tun lässt«, versprach Herr Spielfeld. »Obwohl . . . viel Zeit ist nicht mehr. Und ich muss morgen früh arbeiten. Aber Anne hat ja Ferien. Ich lege ihr einen Zettel hin, dann kann sie gleich . . . «

Bevor er das Mitternacht-Gespräch beenden konnte, langte eine Mädchenhand über seine Schulter und nahm ihm den Hörer aus der Hand.

»Hey, Conny, hier ist Anne. Ich habe den Rest mitgehört. Was ist los? Schlachtpferde? Was war mit Viktoria und der Autobahnpolizei?«

In ihrem blauen XXL-Schlafshirt lümmelte Anne sich auf die Schreibtischkante und schob die Bauzeichnungen achtlos zur Seite. Sie tätschelte ihrem Vater besänftigend den Arm, als sie seine hochgezogenen Augenbrauen sah.

Dann musste Conny noch einmal alles erzählen.

Währenddessen erschien der kleine Anders im Büro von Herrn Spielfeld und stellte sich wie ein Profi-Torwart in den Türrahmen. »Hab das Telefon gehört«, sagte er verschlafen. »War das der Bundestrainer für mich?«

Eberhard Spielfeld lehnte sich in seinen Bürostuhl zurück und stöhnte. Konnte sich eigentlich jemand vorstellen, wie die Nächte eines Vaters verliefen, unter dessen Dach Tierschützer, Reiter und Fußball-Talente wohnten?

Während bei Familie Spielfeld alles wieder in die Betten kroch, fand Conny Clasen in Hamburg lange keinen Schlaf.

Als sie endlich in unruhiges Dösen verfiel, träumte sie lauter verrückte Sachen.

Ihr Lieblingspferd, der Traberwallach Rocky, stand in ihrem Vorgarten. Conny starrte ungläubig auf das schwarze Pferd, das plötzlich sprechen konnte. Aufgeregt hüpfte Rocky von einem Bein auf das andere, und als sie die Haustür aufmachte, verlangte er: »Lass mich rein, die Mafia ist hinter mir her!«

Dann tauchte in ihrem Traum eine Gruppe schwarz gekleideter Männer an der Gartenpforte auf.

»Da ist er«, rief einer der Männer, der als einziger Westernstiefel trug, die gleichen wie Albrecht Steinberg. In der rechten Hand schwang er ein Lasso. »Mir nach, gleich haben wir ihn.«

Conny öffnete blitzschnell die Tür und ließ ihren Rocky ins Haus. Hechelnd galoppierte er die Treppe zu ihrem Zimmer hinauf. Conny wunderte sich im Traum gerade darüber, dass Pferde Stufen im Galopp nehmen können, da hörte sie den Traberwallach oben ans Fenster stürzen. Aus der Sicherheit ihres Zimmers guckte Rocky in den Garten hinab und streckte den schwarzen Männern die Zunge heraus.

»Na warte, Traber!«

Die Mafia-Männer drohten ihm mit der Faust, rüttelten an der Klinke der Haustür und wollten sie mit Händen und Füßen aufdrücken. Conny stemmte sich mit aller Macht von innen dagegen, doch die massive Tür verwandelte sich unter ihren Händen in die klapprigen Flügeltüren des Pferdetransporters. Der Flur unter ihr wackelte plötzlich wie der Boden eines fahrenden Lastwagens. Stand sie etwa selbst auf einem Transporter? Hatte sich ihr schönes Haus an der Ginsterau über Nacht in ein Pferdegefängnis verwandelt?

»Hilfe!«, wollte Conny schreien, »Hilfe!«, doch sie bekam kein Wort heraus.

Jetzt griffen die Hände der schwarzen Männer durch die rostigen Gitter der Flügeltüren und umklammerten ihre Arme. Und das Wackeln hörte nicht auf.

»Conny, Conny, du träumst. Wach auf!«

Wie durch dicke Wolken drang die Stimme ihrer Mutter zu ihr vor. Sie hatte ihre Tochter an den Handgelenken gefasst und schüttelte sie kräftig.

Schweißüberströmt richtete Conny sich in ihrem Bett auf. Ihre blonden Haare klebten an der Stirn. Einen Moment musste sie überlegen, wo sie war und was gestern passiert war.

»Puh.«
Conny prustete wie ein Pferd. Der Transport! Deichgraf und die anderen Pferde! Onkel Eberhard!
»Telefon für dich«, sagte Frau Clasen. Ihre Stimme klang ziemlich beunruhigt. »Die Autobahnpolizei. Du hast doch nichts angestellt, Conny?«
»Was?«
Mit einem Satz war Conny aus dem Bett. »Wo?«
»Im Wohnzimmer«, rief Frau Clasen hinter ihrer Tochter her und beeilte sich mit ihr Schritt zu halten, als sie die Stufen herunterfegte.
Tatsächlich. Es war Annes Volti-Lehrerin Viktoria Grotmeyer, Polizeiobermeisterin, kurz »POM« genannt. Ganz offiziell meldete sie sich von ihrer Dienststelle, der Autobahnpolizei.
»Uns liegt eine Meldung aus Belm vor«, begann POM Grotmeyer.
»Nach Kenntnisstand von Eberhard und Anne Spielfeld wird heute ein Schlachtpferde-Transporter aus Polen die A1 in Nord-Süd-Richtung befahren.«
Die Stimme klang sachlich, fast schon etwas streng, fand Conny. Aber sicher saß Viktoria mit anderen Polizisten im Büro und konnte nicht lang und breit erzählen, wie gut sie Anne aus dem gemeinsamen Reitstall kannte.
»Herr Spielfeld meint«, fuhr die Polizistin fort, »du könntest uns eine genaue Beschreibung des Fahrzeugs

liefern, das . . . sagen wir mal . . . ziemlich schrottreif ist. Dann gib uns doch erst mal das Kennzeichen durch.«

Vor Aufregung biss Conny sich auf die Unterlippe. Das Kennzeichen!

Zu blöd, dass sie auf diese Frage nicht vorbereitet war. Dabei hatte Bastian den LKW mit seiner Sofortbildkamera fotografiert, auch das Nummernschild. Sie hätte sich das Polaroid-Foto gleich einstecken sollen.

Conny sah auf die Uhr. Ausgerechnet jetzt war Bastian mit seiner Mutter in der Hamburger City.

»Das Kennzeichen? Tut mir Leid, das habe ich gerade nicht«, sagte Conny kleinlaut.

Hatte sie jetzt alles verpatzt? Durch eine einzige Unaufmerksamkeit? Doch dann fing Conny sich wieder.

»Aber ich kann Ihnen genau erzählen, wie der Transporter aussieht. Können Sie damit etwas anfangen? Von diesen Lastwagen fahren doch heute sicher nicht so viele über Ihre Autobahn.«

»Natürlich hilft uns das weiter.« Viktoria Grotmeyers Stimme klang jetzt freundlicher. »Schieß mal los.«

Conny lieferte eine nahezu exakte Beschreibung des rollenden Ungetüms ab.

»Dunkelrote Zugmaschine, großer Anhänger, überall blättert Farbe ab, viele Roststellen. Am Heck des Anhängers zwei Flügeltüren. An den Seitenwänden acht schmale Reihen von je drei vergitterten Fenstern. Eng

vergittert. Der Fahrer nannte sich Joseph, den Nachnamen kennen wir nicht.«
Viktoria Grotmeyer schien beeindruckt, denn sie schwieg. Oder war die Verbindung unterbrochen?
Conny lauschte in den Hörer. Nein, im Hintergrund hörte sie Geräusche, die sich aus Pfeiftönen, Gesprächsfetzen aus einem Funkgerät und Radiomusik zusammensetzten. Was Conny nicht sehen konnte: Viktoria kam kaum mit ihren Notizen mit, die sie sich auf Grund der perfekten Beschreibung machte.

8. Kapitel

Mutiger Einsatz

Wie verabredet blieb Bastian Bachmann an diesem Samstag nach seiner Rückkehr aus der Hamburger City zu Hause, um auf Nachrichten von Conny zu warten. Dass sie inzwischen schon mehrmals wegen des Autokennzeichens angerufen hatte, konnte er natürlich nicht ahnen.

Die Zeit zog sich endlos hin. Wie gut hätte er sich inzwischen im Stall um King Louis kümmern können! Stattdessen musste er sich ständig in Hörweite des Telefons im Wohnzimmer aufhalten. Wenn es klingelte (und es klingelte an diesem Tag ungewöhnlich oft), war Bastian der Erste, der zum Hörer griff. Aber nie war es der erwartete Anruf von Conny. Mal wollte sich ein Nachbar den Laubsauger ausleihen, mal waren Freundinnen seiner Schwestern dran, mal meldete sich ein Weinhändler, der seiner Mutter einen besonders guten Tropfen aufschwatzen wollte.

Leicht genervt warf Bastian sich in einen Sessel und zappte durchs Fernsehprogramm. Beim schnellen Durchlauf stutzte er plötzlich. War da nicht ein Pferd gewesen? Per Fernbedienung sprang er zurück auf Kanal 1. Pferde waren immer interessant. Interessanter jedenfalls als das Börsenlaufband von NTV. Da war sie wieder, die ARD-Mittagsschau.

Ein Mann in Jeans führte ein Pferd über die Rampe eines Lkw-Anhängers. Bastian beugte sich vor. Ein Pferdetransport? Ging es auf dem Bildschirm etwa um Pferdetransporte? Das Tier, ein Schimmel, ließ den Kopf tief hängen und war offensichtlich zu schwach, um ein Bein vor das andere zu setzen. Dann wurde eine blonde Reporterin eingeblendet, die dem Mann in Jeans und Rollkragenpullover ein Mikro unter die Nase hielt.

»Herr Dr. Eckhoff, Sie sind als Amtstierarzt hierher bestellt worden. Können Sie uns sagen, was jetzt mit den Tieren passiert?«

Der Mann schüttelte den Kopf. »Natürlich untersuche ich die Pferde zunächst. Eine Unterbringungsmöglichkeit haben wir für sie aber noch nicht. Ich gehe davon aus, dass sie in diesem Zustand die Fahrt nicht fortsetzen können.«

Die Kamera schwenkte auf einen dunkelroten Lastwagen, und in diesem Moment sprang Bastian aus seinem

Sessel hoch. Das war doch ... ihr polnischer Schlachtpferde-Transporter aus Bargteheide. Josephs Transporter! Bastian stellte den Ton lauter. Wieder erschien die Reporterin im Bild.

»Ich gebe zurück ins Studio. Gegen Ende der Sendung melde ich mich noch einmal von der Raststätte ›Dammer Berge‹. Gabi Müller für die ARD-Mittagsschau.«

Raststätte »Dammer Berge« – lag die nicht an der Autobahn Bremen–Osnabrück?

Bastian zog den Autoatlas aus dem Bücherregal und blätterte hastig durch die Seiten. Sein Zeigefinger glitt von Hamburg über die lila Linie der Autobahn A1 und verharrte kurz vor Bramsche: »Dammer Berge«. Richtig. Dort waren sie doch kürzlich erst vorbeigefahren, als sie die Dülmener Wildpferde im Münsterland besucht hatten. Hier also war die Polizei-Falle zugeschnappt.

Bastian griff zum Telefonhörer und wählte Connys Nummer. Sie war sofort dran.

»Schnell, stell den Fernseher an!«, befahl Bastian. »ARD. Da läuft gerade was über unseren Pferde-Transport, aber erst gegen Ende der Sendung. Vielleicht kommt ja was über Deichgraf. Ruf du Imke an, ich übernehme Jule.«

Auf dem Parkplatz »Dammer Berge« spielten sich an diesem Tag turbulente und bewegende Szenen ab.

Gegen elf Uhr hatte die Besatzung eines Streifenwagens den Schlachtpferde-Transporter auf der Autobahn 1 kurz hinter der Abfahrt Holdorf entdeckt. Dunkle, stinkende Abgaswolken drangen aus dem Auspuff des Lasters. Die Polizei setzte sich mit blinkendem Blaulicht vor den LKW. Auf dem Streifenwagen-Dach wurde die breite Signalbrücke eingeschaltet. BITTE FOLGEN leuchtete auf.

Joseph Jablonski, der Fahrer, dachte gleich daran, dass er mit seinem Chef großen Ärger bekommen würde. Wahrscheinlich würde der ihn sofort hinauswerfen und nicht einmal den Lohn für die Fahrt bezahlen. Denn sein Boss hatte ihm eingebläut, sich mit dem verrosteten Lastwagen bloß nicht von der Polizei erwischen zu lassen.

Zu spät. Jetzt saß Joseph in der Falle. Er drosselte sein Tempo und folgte dem Polizeiauto, bis eine Kelle aus dem Seitenfenster gehalten wurde, die auf den nächsten Rastplatz wies.

Joseph Jablonski bog hinter der Polizei ein. Er parkte sein Laster-Ungetüm zwischen zwei belgischen Lastwagen und sprang aus dem Führerhaus.

»Papiere alle in Ordnung«, beteuerte Joseph, als sich die zwei Beamten zunächst seinen Führerschein zeigen ließen.

»Papiere ja, aber Auspuff nicht«, sagte der jüngere der

Uniformierten. Er ging vor dem Gefährt in die Hocke, studierte die Reifen und zückte sein Notizbuch.
»Und die Bremsen machen ebenfalls keinen verkehrssicheren Eindruck«, ergänzte der Ältere, der sich inzwischen am Wagen zu schaffen gemacht hatte.
Er klopfte den Wagen von außen ab und sofort wurden aus kleinen Rostflecken größere Löcher. Kopfschüttelnd ging er um das Führerhaus herum. »Was haben Sie denn geladen, Herr ...«, der jüngere Polizist warf einen Blick auf den Führerschein, »Herr Jablonski?«
Die Frage klang harmlos, wie beiläufig. Aber Joseph jagte sie einen großen Schrecken ein. Ihm schwante Böses. Wenn sich die Ordnungshüter das Innere seines Anhängers zeigen ließen ...
»Pferde«, sagte Joseph Jablonski wahrheitsgemäß. »Für Italien. Ist nicht verboten, Pferde nach Italien zu bringen! Ist nicht verboten!«
Der Polizist, der den Führerschein hielt, sah den polnischen Lastwagenfahrer ohne eine Regung an. Man konnte nicht erkennen, was er dachte.
»Natürlich ist das nicht verboten«, sagte er dann sachlich. »Vorausgesetzt, Sie halten sich an die neue Tierschutz-Transportverordnung, Herr Jablonski. Dann wollen wir uns die Pferde mal ansehen.«
Widerstrebend folgte Joseph den beiden Beamten zum Heck des Anhängers.

»Sind Schlachtpferde«, sagte Joseph hilflos, als ob er mit der Bemerkung etwas entschuldigen könnte.
»Pferd ist Pferd«, antwortete der Polizist kühl.
Als ob man Schlachtpferde schlechter behandeln dürfe als teure Turnierpferde! Seine kleine Tochter besaß ein Pony und er selbst war ein großer Tierfreund. Am liebsten hätte der Polizist sich mit Joseph angelegt. Aber er war im Dienst und musste sich beherrschen.
Mit einer Handbewegung bedeutete er Joseph Jablonski die Flügeltüren zu öffnen.
Ein beißender Gestank schlug den Autobahn-Polizisten entgegen. Unwillkürlich wichen sie einen Schritt zurück. Das spärliche Tageslicht, das ins Innere des dunklen Anhängers fiel, reichte aus, um die Polizisten zusammenzucken zu lassen.
In dem völlig verdreckten Hänger dämmerten dicht zusammengepferchte Pferde ihrem Schicksal entgegen. 18 Tiere standen oder lagen mit Stricken festgezurrt eng beieinander. Bei einigen Pferden war das Maul unnatürlich geschwollen, weil sie sich die Zungen vor Durst wund geleckt hatten.
Ein Schimmel hatte eine Blutblase am Kopf, fast alle Pferde husteten und keuchten erbärmlich. Sie kämpften um Luft in ihrem engen Gefängnis.
Als die Tür geöffnet wurde, wieherten einige schwach und drängten an die frische Luft. Vergebens, denn ihre

Stricke hielten sie fest. Verzweifelt trat ein großer Fuchswallach gegen die Lastwagenwand. Sie war so verrostet, dass sie unter den Schlägen einbrach und ein Huf durch die Wand kam.

Herr Jablonski sah auf den Boden.

»Mein Gott«, sagte der jüngere Polizist und schluckte. Ihm wurde bei dem Anblick der geschundenen Tiere fast schlecht. »So können wir Sie nicht weiterfahren lassen. Das ist ein Fall für den Amtstierarzt.«

Er ging zu seinem Streifenwagen, schnell, um den Anblick der Pferde nicht länger ertragen zu müssen, und begann zu telefonieren.

Kurz darauf kam das Fernsehteam.

Wer den Fernsehsender über den Pferdetransport auf der Autobahn 1 informiert hatte, darüber stand später nichts im Polizeiprotokoll. War es der junge Polizist selbst? Oder seine Kollegin Viktoria Grotmeyer, die Innendienst hatte und die Skandale bei Pferdetransporten an die Öffentlichkeit bringen wollte? Egal. Fest stand, dass ein ARD-Team und Amtstierarzt Dr. Eckhoff nahezu gleichzeitig am Tatort eintrafen, auf dem Rastplatz »Dammer Berge«.

Während Kameramann und Tontechniker ihre Geräte auspackten, um mit den Filmaufnahmen zu beginnen, betrat Dr. Eckhoff vorsichtig über die heruntergelassene Rampe das Innere des »Pferde-Gefängnisses«.

Vor den weit geöffneten Türen baute sich Reporterin Gabi Müller auf, zupfte ihre Frisur zurecht und räusperte sich. Kamera und Scheinwerfer waren auf ihr Gesicht gerichtet.
»Was Sie hier sehen, meine Damen und Herren«, begann sie ihren Bericht, »wird Sie heute Nacht schlecht schlafen lassen. Sie werden Zeuge einer Tragödie, die sich so oder ähnlich Tag für Tag auf unseren Straßen abspielt. Meist allerdings im Verborgenen.«
Mit bewegter Stimme schilderte Gabi Müller ihren Zuschauern die Situation.
»Millionen von Tieren werden jährlich über Europas Straßen transportiert. Allein durch Niedersachsen rollen jährlich 118.000 Schlachtpferde-Transporte. Von den meisten Autofahrern bleiben diese fahrenden Gefängnisse unbemerkt. So unvorstellbar es klingt: Fast bei jedem Transport, der kontrolliert wird, ist etwas nicht in Ordnung. Viele Lastwagen sind hoffnungslos überladen. Die Tiere trampeln sich gegenseitig zu Boden. Nur selten werden die vorgeschriebenen Erholungspausen eingehalten. Oft werden die Pferde nicht gefüttert und bekommen nicht einmal Wasser. Für die Fahrer ist das reine Zeitverschwendung. Würden sie Pausen machen, schafften sie die Tour durch Europa nicht in der Zeit, die ihre Auftraggeber verlangen.«
In diesem Moment erschien Dr. Eckhoff in der offenen

Fahrzeugtür, am Halfter ein verwahrlostes Pony. Die Kamera schwenkte auf die verängstigte, rotbraune Haflinger Stute, die – geblendet vom plötzlichen Licht – stehen blieb. Unter der blonden Mähne wurde eine verkrustete Schnittwunde sichtbar. Der verstörte Blick sagte mehr als tausend Worte – dieses kleine Pferd hatte mit dem Leben abgeschlossen.

»Schauen Sie in diese Augen«, setzte Gabi Müller ihren Bericht fort, »dann ahnen Sie, was Tiere auf ihren tage- und wochenlangen Transporten erleiden.«

Mit wackligen Beinen stolperte die Haflingerstute über die Rampe. Mit Hilfe der beiden Polizeibeamten gelang es Dr. Eckhoff, das Pony ins Freie zu führen.

Kurz darauf holte er das zweite Pferd, einen Schimmel, aus dem Transporter.

Ein paar Helfer drängten Schaulustige zurück. Trotz lauter Zurufe versuchten einige Männer über die rot-weißen Absperrgitter zu steigen, die die Polizei in weitem Halbkreis dicht an dicht aufgestellt hatte. Die Sperren waren nötig, denn man durfte nicht riskieren, dass ein scheuendes Pferd plötzlich losstürmte und auf die Autobahn geriet.

»Herr Dr. Eckhoff«, fragte die Reporterin, »können Sie uns sagen, was jetzt mit diesem Tier passiert?«

Von diesem Augenblick an war Bastian Bachmann vor dem Bildschirm Zeuge der Ereignisse.

Und das war erst der Anfang eines äußerst turbulenten Nachmittags.

9. Kapitel

Schneller, Herr Jensen!

»Da müssen wir hin.«

Conny Clasen sprang von ihrem Bett auf und schaltete den Fernseher ab. Gerade hatte sie sich zusammen mit Imke Zavelstein den Schluss der Sendung über den Pferde-Transport in ihrem Zimmer angesehen. Conny sah auf die Uhr. 12.30 Uhr. Im Reitstall herrschte Mittagsruhe. Erst am späten Nachmittag würde die erste Reitabteilung anrücken – acht Zahnlücken, wie die jüngsten Reiter genannt wurden.

»Vielleicht kann der Chef die Zahnlücken an Axel abgeben«, hoffte Conny. Axel Rakete, der Reitlehrer-Assistent, übernahm gern Extrastunden. Mit dem Verdienst finanzierte er sein Jura-Studium.

Conny und Imke schwangen sich auf ihre Räder und machten sich auf den kurzen Weg zum Reiterhof Birkenhain.

Im Stall fanden sie Herrn Jensen nicht. Die Pferde standen zufrieden in ihren Boxen. Einige streckten neugierig ihre Köpfe durch die Stäbe. Wenn die Mädchen auftauchten, gab es immer eine Portion Möhren außerhalb der Futterzeiten. Etwas, was der Chef ungern sah. Steckte man nämlich einem Pferd etwas zu, wurden die Stallkollegen sofort aufmerksam und schlugen aus Futterneid gegen die Wände.

Conny hatte tatsächlich einige Möhren in der Tasche. Aber mit einem Blick erfasste sie, dass die Fjordpferde Ole und Kalle im Stroh ruhten und dösten. Da wollte sie nicht für Unruhe sorgen und ließ die Möhren stecken.

Vor Rockys Box blieb Conny stehen.

»Süß, nicht?«, flüsterte sie Imke zu. Ihr schwarzes Lieblingspferd lag im Tiefschlaf in der Einstreu. Rocky streckte die Beine weit von sich. Im Schlaf zuckte er mit den Hufen, als ob er unliebsame Reitschüler abwehren wollte.

»Was wollt ihr denn um diese Zeit hier? Ihr wisst doch, dass mittags Stallruhe herrscht.«

Die Geisterstimme des Chefs kam aus der Box von King Louis. Der hellbraune Wallach verdeckte Kai Jensen fast vollständig. Bei näherem Hinsehen kamen hinter King Louis' Hinterteil zwei Reitstiefel zum Vorschein.

Erschreckt zuckten Conny und Imke zusammen. Rocky wachte auf, nahm den Kopf ein paar Zentimeter hoch und riskierte ein Auge. Als erfahrenes Schulpferd merkte er sofort, dass keine Gefahr drohte. Sein schwarzer Kopf sank zurück ins Stroh und der Traber gönnte sich noch eine Mütze Schlaf.

Kai Jensen erschien in der Boxentür von King Louis, er hielt ein Fieberthermometer in der Hand.

Conny schaltete blitzschnell. »Wir haben uns Sorgen um King Louis gemacht«, sagte sie. »Er hat doch Fieber . . . oder?«

Der Chef blickte sie zweifelnd an. »Na, wenn das mal stimmt«, brummelte er. »Das Fieber hat er gerade erst seit einer Stunde. Ihr führt doch bestimmt etwas anderes im Schilde.«

Es hatte keinen Sinn, Jensen etwas vorzumachen. Dazu war auch keine Zeit. Sie mussten schnell handeln.

»Haben Sie zufällig heute Mittag Fernsehen geguckt, Herr Jensen?« Imke nahm einen Anlauf.

Kai Jensen stemmte beide Hände in die Seiten.

»Nein, zum Teufel. Was glaubt ihr wohl, was ein Stallbesitzer den ganzen Tag macht? Fernsehen, Bücher lesen, im Internet surfen? Und wer mistet aus, füttert, gibt Unterricht, misst Fieber, macht Reitpläne, besorgt neues Stroh? Na?«

Er war so richtig in Fahrt. Sein Lieblingsthema: *Die ganze Arbeit bleibt an mir hängen.*

»So war es ja nicht gemeint.« Conny verdrehte die Augen. »Es ist nur so . . . im Fernsehen wurde der Schlacht-

pferde-Transporter gezeigt. *Unser* Transporter. Die Polizei hat ihn gestoppt, genauso wie Sie es vorausgesagt hatten. Also ... da wollten wir uns bei Ihnen bedanken.«
»Ach, das ist gut«, sagte Herr Jensen, rieb das Thermometer an seiner Reithose ab und steckte es in die Schutzhülle. »Geht es diesen Brüdern endlich an den Kragen! Ist eine Schweinerei, was sich bei den Transporten abspielt. Klasse, dass ihr das geschafft habt. Und Deichgraf? Habt ihr etwas erfahren?«
Conny und Imke nutzten die Gunst der Stunde. Ohne Luft zu holen, schilderten die beiden abwechselnd, was sie in dem TV-Bericht gesehen hatten. Nein, Deichgraf hätten sie nicht entdeckt. Es seien allerdings nur vier Pferde gezeigt worden. Natürlich müssten sie unbedingt wissen, ob Deichgraf dabei sei. Und um das herauszufinden, gäbe es nur eine Möglichkeit – zum Rastplatz »Dammer Berge« zu fahren und nachzusehen. Am besten sofort. Und am besten mit ihm, Kai Jensen. Und natürlich mit Hänger, um Deichgraf gleich einzuladen und mitzunehmen, falls er dabei sei.
Erwartungsvoll sahen sie Kai Jensen an, als sie fertig waren. Doch zu ihrer Enttäuschung schüttelte der den Kopf.
»Ich kann euch ja verstehen«, sagte er, »aber ich kann hier nicht einfach weg, wann ich will. Und mit Hänger schon gar nicht. Was glaubt ihr? Selbst wenn wir Deich-

graf finden – ich kann ihn doch nicht einfach einkassieren und mitnehmen. Das wäre ja Diebstahl.«
»Aber wenn die Leute doch Tierquäler sind, die diese Transporte machen«, sagte Conny entrüstet.
Herr Jensen hob die Arme. »So sind die Gesetze. Ich verstehe sie manchmal auch nicht.«
»Aber man könnte ihn doch freikaufen«, sagte Imke verzweifelt. Herr Jensen nickte.
»Sicher, wäre das eine Möglichkeit. Aber wer soll das bezahlen? Und wenn ihr ihn gekauft habt, was dann? Er muss ja wieder eine Box haben und einen Tierarzt. Du weißt doch, Imke – dein Vater hat dafür im Moment einfach kein Geld. Darum hat er Deichgraf ja an Frau Decker verkauft und ... «
Conny quiekte laut auf.
»Frau Decker ... das ist die Idee. Komm, Imke, versuchen wir noch mal sie anzurufen. Bestimmt will sie auch nicht, dass Deichgraf nach Italien gebracht wird.«
Schon lief Conny zum Telefon in die Sattelkammer und nahm den Hörer ab. Imke hinterher. Die Telefonnummer von Frau Decker stand auf ihrem Handrücken. Die Zahlen hatte sie gestern mit Kugelschreiber auf die Haut geschrieben, damit sie die Nummer immer griffbereit hatte.
Endlos ging das Klingelzeichen durch. Aber Frau Decker meldete sich nicht. Mutlos legte Imke auf.

Plötzlich fiel Conny noch etwas ein. Sie schlug sich gegen die Stirn.

»Dass wir nicht eher darauf gekommen sind«, stöhnte sie. »Ruf doch einfach in der Tierklinik Bargteheide an, ob Deichgraf da steht.«

Die Telefonnummer stand auf der Notfall-Liste, die neben dem Apparat hing.

In der Klinik wollten sie keine Auskunft geben. Die ärztliche Schweigepflicht gelte auch für Pferde. Aber dann schaltete sich Herr Jensen ein. Er kannte einen Tierarzt in der Klinik, schilderte kurz den Fall und erfuhr dann: »Ein Pferd namens Deichgraf ist nicht hier.«

Herr Jensen telefonierte dann noch einmal.

»Kannst du die Zahnlücken-Gruppe heute übernehmen, Axel?«, fragte er. »Al Steinberg soll die Boxen ausmisten. Ich muss dringend weg, zur Raststätte ›Dammer Berge‹. Was ich da will? Das ist eine lange Geschichte. Später mehr.«

Auf der Autobahn schwankte die Stimmung ständig zwischen Hoffnung und Gereiztheit.

Als sie auf der Weserbrücke vor Bremen in einen Stau gerieten, schimpfte Kai Jensen, er sei viel zu gut und Birkenhain würde sicher bald Pleite gehen, weil er sich ständig um andere Sachen als um Reitunterricht kümmern müsste.

Conny und Imke zogen es vor, zu schweigen, um den Chef nicht noch weiter zu reizen. Sie waren überglücklich gewesen, dass er seine Nachmittagsstunden an Axel Rakete abgegeben hatte, um sie zur Raststätte zu fahren. Auf Axel konnte man sich verlassen. Er sprang sofort ein, als er gebraucht wurde. Und er nervte nicht mit endlosen Fragen – warum, wohin und wann.

Ganz anders die Mütter von Jule Ahrend und Bastian Bachmann: Sie machten einen Riesenzirkus, als ihre Kinder Hals über Kopf mit Herrn Jensen wegfahren wollten. Beide Familien gruben seltsamerweise plötzlich ganz wichtige Dinge aus, die nur an diesem Nachmittag erledigt werden konnten. Das bedeutete, dass weder Jule noch Bastian mitdurften. Aber Conny würde ihnen später alles haarklein erzählen, Ehrensache.

Endlich war es so weit: Herr Jensen fuhr von der Autobahn ab, steuerte seinen Wagen auf den weitläufigen Rastplatz »Dammer Berge«.

Doch was für eine Enttäuschung!

Kein Pferdetransporter weit und breit. Kein Fernsehteam, kein Amtstierarzt. Der Parkplatz sah so gewöhnlich aus wie jeder andere an der Autobahn. 20 – 25 Personenwagen, ein paar Wohnmobile, einige Lastwagen. Nicht einmal einen grün-weißen Polizeiwagen entdeckten die Mädchen.

»Das gibt's doch gar nicht«, sagte Conny fassungslos

und klickte ihren Gurt auf. »Wo sind die denn alle? Wir waren doch gar nicht so lange unterwegs.«
Hastig kletterte sie vor Imke aus dem Wagen. Während Kai Jensen noch abschloss, rannten Conny und Imke schon in verschiedene Richtungen los, um eine Spur zu finden. Oder um ein Wiehern zu hören. Aber nur das monotone Heulen von Automotoren drang an ihre Ohren.
In der Parkbucht für Lastwagen fand Conny dann doch eine Spur. Zwei Haufen Pferdeäpfel neben einem französischen LKW, der mit Früchten bemalt war, kündete davon, dass der Transporter hier gestanden hatte.
»Herr Jensen, Imke . . . schnell.«
Aufgeregt rief Conny die anderen heran. Zu dritt starrten sie auf die Pferdeäpfel zu ihren Füßen. Der Früchte-Fahrer ließ seine Seitenscheibe herunter und sagte etwas auf Französisch.
»Haben Sie hier einen Pferdetransporter gesehen?«, rief Imke in die Fahrerkabine.
Der Franzose zuckte die Schulter, überschüttete sie mit einem Schwall von Worten und zeigte auf seinen Anhänger.
»Er hatte Äpfel für Supermärkte in Hamburg geladen und fährt jetzt zurück nach Frankreich«, sagte Conny. »Von Pferden weiß er nichts.«
»Das hast du alles verstanden?« Kai Jensen war sichtlich beeindruckt.

»Na ja«, murmelte Conny, »fast.«
In Wirklichkeit hatte sie von den 200 Wörtern nur das Wort »Pommes« verstanden und wusste, das heißt »Äpfel«. Den Rest reimte man sich eben zusammen, wenn man mal Schriftstellerin werden wollte wie Conny Clasen.
»Hm«, sagte Kai Jensen zu Conny, »wenn du alles weißt, dann weißt du sicher auch, an welcher Autobahn-Abfahrt die Polizei-Dienststelle von deiner Bekannten liegt? Von dieser . . . Viktoria Grotmeyer. Dann können wir dort fragen, was die mit den Pferden gemacht haben.«
Nein, Conny wusste es nicht. Über Handy versuchte sie ihre Cousine Anne zu erreichen, hatte aber kein Glück. Kai Jensen und Imke fragten inzwischen in der Gaststätte. Dort gab man ihnen die Auskunft, dass die nächste Autobahnpolizeidienststelle kurz hinter der Raststätte lag. Das musste die von Viktoria Grotmeyer sein. Und tatsächlich.
Als sie etwas später vor dem schlichten Polizei-Bungalow an der Autobahn standen, gab es keinen Zweifel, dass sie hier richtig waren. Neben dem hellgrauen Gebäude stapelten sich Absperrgitter, in denen sich einige Strohhalme verfangen hatten.
»Stroh aus dem Transporter«, sagte Imke sofort.
Das große Amtszimmer, das die drei vom Reiterhof Bir-

kenhain nun betraten, war spärlich ausgestattet. Zwei alte Schreibtische hinter einem hohen Holztresen nahmen fast den ganzen Raum ein. Die Drehstühle davor sahen so abgenutzt aus wie die in Kai Jensens Büro. Vor dem Fenster am Ende des Raums stand eine kleine Palme mit braunen Blattspitzen. Daneben röchelte eine verkalkte Kaffeemaschine. Eine Frau in Uniform, die ihnen den Rücken zukehrte, hantierte am Filter.

Auf der Besucherbank saß ein etwa 40-jähriger Mann neben einem blonden Mädchen, das die gleichen blauen Augen hatte wie er. Die beiden drehten sich um, als die Tür aufging.

»Conny!«, rief das Mädchen und sprang auf.

Conny flog den beiden um den Hals. »Anne! Onkel Eberhard! Ich werde verrückt. Hier steckt ihr.«

Ihre Cousine und ihr Onkel! Sie waren auch gekommen, um die Pferde zu retten.

»Du bist also Conny Clasen?«

Die junge Polizistin am Fenster kam mit einem Becher zum Tresen und reichte die freie Hand herüber. »Wir haben telefoniert. Wegen des Transporters. Ich bin Viktoria Grotmeyer. Tagsüber Polizeiobermeisterin, abends Annes Volti-Lehrerin.«

Kai Jensen stellte sich und Imke vor.

POM Grotmeyer warf einen Blick zur Wanduhr und nahm einen Schluck Kaffee. »Ihr kommt genau richtig.

Ich habe gerade Dienstschluss. Ihr wollt doch sicher zu den Pferden . . . hallo du, geht es dir schlecht?«
Der Schluss des Satzes war an Imke Zavelstein gerichtet. Das Mädchen hatte sich auf die Bank fallen lassen und wischte sich fahrig übers Gesicht.
»Ich halte es nicht mehr aus«, sagte Imke leise. »Ich will endlich wissen, wo Deichgraf ist.«
Die Polizistin wechselte einen raschen Blick mit Kai Jensen und rief durch die offen stehende Tür: »Leute, ich gehe jetzt.«
Zwei junge Polizisten kamen aus dem Nebenraum und übernahmen den Dienst.

10. Kapitel

In Sicherheit?

»Ist es noch weit?«, fragte Imke wohl zum zwanzigsten Mal, obwohl sie erst fünf Minuten in Kai Jensens Wagen unterwegs waren. Normalerweise hätte Conny in einer solchen Lage gefaucht: »Reiß dich zusammen, Zavelstein, und benimm dich nicht wie ein Säugling!«

Aber die Lage war ja nicht normal.

Nein, für Imke war es Stress pur. Erst musste sie Deichgraf, ihr Pferd, verkaufen. Dann vermutete sie es auf einem Schlachtpferde-Transport und musste die Spur durch halb Deutschland verfolgen. Bitter.

Darum sagte Conny beruhigend: »Keine Panik! Mehr als zehn Minuten von der Autobahn sind das nicht, meinte die Polizistin. Wir sind gleich da.«

Mit drei Autos – vorne POM Grotmeyer, dahinter Onkel Eberhard, als Letzter Kai Jensen – fuhren sie auf einer schmalen Landstraße zu dem Hof, auf dem die Pferde aus dem stillgelegten Transporter Zuflucht gefunden hatten.

Nach der Fernsehsendung hatte sich bei der Polizei die Besitzerin eines Bauernhofes bei Bersenbrück gemeldet, einem Ort nahe der Autobahn. Sie wollte Geld auftreiben, um die Pferde freizukaufen. Zumindest konnten die Pferde vorübergehend auf ihren Weiden bleiben, um sich zu erholen.

Kai Jensen lehnte sich vor und kramte im Handschuhfach nach seinem Handy, ohne die Augen von der Straße zu nehmen. Er drückte Conny das Gerät in die Hand. »Ruf mal auf Birkenhain an! Wie ich die Lage einschätze, bin ich zum Abendkurs nicht wieder da. Axel Rakete soll ans Telefon kommen.«

Im Reitstall ging Jule ans Telefon. Sie schrie gellend auf: »Endlich!«, als Conny sich meldete. Sogar Herr Jensen zuckte am Steuer zusammen.

»Nicht so einen Lärm, Jule Ahrend«, rief er so laut, dass Jule ihn durchs Telefon hören musste. »Du machst mir ja die Pferde wild.«

Axel konnte nicht an den Apparat kommen, da er mit einer Zahnlücken-Gruppe beschäftigt war. Ja, Jule, wollte ihm ausrichten, dass er die Abendabteilung übernehmen solle. Und füttern, weil Herr Jensen nicht wusste, wann sie zurück sein würden. Jule war ungeduldig. Was interessierte sie die Erwachsenen-Abteilung? Sie

wollte endlich hören, wie es nach der Fernsehsendung mit dem Transport weitergegangen war. Sonst nichts.
Während die Auto-Kolonne weiter Richtung Bauernhof fuhr, erzählte Conny ihrer Freundin Jule rasch die Neuigkeiten. »Also . . . ein Bauernhof rief bei der Polizei an und wollte die Pferde nehmen. Na, und danach gab es den richtig großen Wirbel auf der Raststätte »Dammer Berge« . . . Die Polizei hat den ganzen Nachmittag versucht einen Ersatztransporter für die Pferde zu bekommen . . . nichts zu machen. Warum? Die Polizistin meint, keine Autofirma wollte das Risiko eingehen, kranke Tiere zu befördern.«
»Warum konnten die Pferde denn nicht erst mal auf dem Parkplatz bleiben?«, wollte Jule wissen. »Der war doch total abgesperrt, habe ich im Fernsehen gesehen.«
Auch das wusste Conny von POM Grotmeyer. Immer mehr Schaulustige waren gekommen und hatten die Zufahrt blockiert.
»Was meinst du, was vor der Raststätte los war«, sagte Conny. »Da tobte die Hölle. Schlimmer als bei einem Konzert muss das gewesen sein.«
Da der Hof nahe lag, entschloss sich die Polizei, die Pferde wieder in den polnischen Transporter zu verladen. Unter Polizeibegleitung war Josephs Lastwagen zu dem Bauernhof bei Bersenbrück gebracht worden, berichtete Conny weiter.

» . . . und genau dahin sind wir im Augenblick unterwegs. Bitte? Ob Deichgraf dabei war?«
Conny warf einen raschen Seitenblick zu Imke hinüber, die sofort nervös mit den Wimpern zuckte, als der Name fiel.
»Nein, wir wissen noch nicht, ob er dabei ist. Aber in zehn Minuten sind wir schlauer. Klar, wir halten euch auf dem Laufenden. Okay . . . tschüss dann.«
Conny legte das Handy ins Handschuhfach zurück. Herr Jensen ließ die Scheibe an der Fahrertür herunter. Der schwere Geruch von frisch gepflügtem Ackerboden drang in den Wagen. Es roch nach Kartoffelernte.
Sie fuhren an Zäunen vorbei, an denen rote und gelbe Dahlien lehnten und leuchtend blaue Herbstastern. Vor einigen Häusern standen niedrige Verkaufsstände mit Kartoffeln und Äpfeln.
Conny drückte die Nase gegen die Scheibe.
»Ich habe Hunger«, sagte sie. »Tut mir Leid, ich weiß, das hört sich irgendwie unpassend an. Trotzdem . . . jetzt ein Stück Apfelkuchen . . . «
In der Eile hatte sie heute Mittag nur eine Tüte Weingummi eingesteckt. Imke warf Conny einen verständnislosen Blick zu. Sie hätte jetzt keinen Bissen herunterbekommen.
Conny zog die Nase kraus und stopfte sich eine Hand voll Gummibärchen in den Mund.

Neben der Straße wechselte jetzt die Aussicht. Endlose Wiesen dehnten sich vor ihnen aus. In einiger Entfernung grasten dunkelbraune Pferde. Im milden Dunst wirkten sie unwirklich, wie ein Bild, das man in Zeitlupe festhält.

Kai Jensen zeigte auf die Koppeln. »Hannoveraner und Oldenburger züchten sie hier. Schöne Pferde.«

»Die in Josephs Transporter sind auch schön«, sagte Imke heftig.

Bevor Herr Jensen antworten konnte, bog die Wagen-Kolonne vor ihnen nach einer weit gestreckten Kurve in eine Einfahrt ein. Sie waren da!

Die rote Schnauze von Josephs Transporter leuchtete ihnen vom Hof des Niedersachsen-Bauernhauses entgegen. Das Ungetüm nahm einen großen Teil des Vorplatzes ein. Mit Mühe fanden die drei heranrollenden Autos Platz neben den beiden Polizeiwagen, die an der Seite des Lasters abgestellt waren.

Kai Jensens Wagen stand am nächsten zu einer Wiese, auf der fast 20 Pferde dicht beieinander standen. Ausgehungert schlugen sie ihre Zähne in die letzten spärlichen Herbstgräser und rissen dabei ganze Wurzelstücke mit Erde heraus.

Das mussten die Pferde aus dem Transporter sein! Für Conny und Imke gab es jedenfalls keinen Zweifel.

Die Mädchen stürzten aus dem Wagen, bevor er richtig

angehalten hatte. Neben dem Bauernhaus – die Seitenwand war mit eisernen Pferdeköpfen verziert – führte ein schmaler Pfad zur Koppel hinauf. Conny und Imke rannten über den festgestampften Sandweg, um zu den Pferden zu kommen. Herr Jensen war ihnen dicht auf den Fersen.

»Nicht anfassen«, rief er keuchend. »Wer weiß, ob sie krank sind. Dann steckt ihr mir zu Hause alle Schulpferde an.«

Außer Atem blieben die drei vor dem Holzzaun stehen. Neben dem Gattertor stand ein silbergrauer Kombi mit hochgeklappter Hecktür. Im Kofferraum war ein Einsatz aus vielen Schubladen eingebaut, die teilweise aufgezogen waren. Salben und Spritzen lugten heraus. Genauso sah es im Wagen von Dr. Teichmüller aus.

»Der Tierarzt scheint gerade da zu sein«, stellte Kai Jensen mit einem Blick auf den Kombi fest. »Der kann uns sicher mehr sagen.«

Imkes Finger umklammerten den Pfosten des Gattertors. Ihr Blick ging rasch von Pferd zu Pferd.

»Seht ihr Deichgraf?«, fragte sie nervös. »Ich nicht.«

Obwohl die Wiese genug Fläche hatte, standen alle Pferde auf einem Fleck, sodass man leicht einen Überblick bekam. Die meisten waren Braune oder Füchse, breit und stämmig, mit dichten, gewellten Mähnen. Was die rasierten Zeichen und Striche in ihrem Fell bedeuteten, mochte man sich nicht vorstellen. Sicher so viel wie »Der kommt weg«. Nur wenige Tiere sahen aus wie Reitpferde.

In einer Ecke der Wiese war ein schmales Stück mit rot-weißen Absperrgittern abgeteilt.

Aus der Pferdegruppe löste sich jetzt ein schlanker, weißhaariger Mann, eine geräumige Arzttasche in der Hand. So eine, wie sie auch Dr. Teichmüller immer mitbrachte. Offensichtlich also der Tierarzt.

Der Mann setzte die Tasche ab und schleifte die vier schweren Gittersperren zur Seite. Dahinter hatte er vorhin die Pferde einzeln untersucht.

Er stiefelte zu den Leuten am Gatter hinüber. Inzwischen waren die anderen nachgekommen, Anne mit ihrem Vater und POM Grotmeyer.

»Kann man wohl hineingehen?«, fragte Kai Jensen und deutete auf die kleine Herde.

Durch das Gatter kletterte der Tierarzt auf die andere Seite. »Ansteckende Krankheiten scheint jedenfalls keins zu haben«, sagte er. »Aber sie sind alle total erschöpft und in einem erbärmlichen Zustand.«

Der Tierarzt griff nach vier großen Heuballen, die vor dem Gatter bereitlagen, und warf sie über das Tor. Er ging auf die Wiese zurück und verteilte das Heu in zwei hohe Raufen.

Ausgehungert stürzten die Pferde sich auf das Fressen.

»Guck mal, Imke, das Pferd mit dem weißen Stern ist auch dabei.«

Conny entdeckte die große, braune Stute, die sie auf dem Transporter in Bargteheide mit Gras gefüttert hatten. Zwischen den schwergewichtigen Pferden sah sie geradezu zierlich aus.

Die hungrigen Vierbeiner schoben den Tierarzt einfach beiseite. Endlich Futter! Aber immer wieder mussten sie ihr gieriges Fressen unterbrechen. Vor Erschöpfung konnten sie nicht mehr kauen.

Ein Pferd, ein älterer Fuchs, schaffte es gar nicht erst, sich zwischen die anderen an den Futterbehälter zu drängen. Mit hängendem Kopf stand er abseits bei den Sperrgittern. Es fiel ihm schwer genug, aufrecht stehen zu bleiben. Für eine Rangelei um das Heu besaß der Fuchs keine Kraft mehr.

»Darf ich zu ihm?«, fragte Imke und sah Kai Jensen flehend an.

»Geh nur«, murmelte er. Das jammervolle Bild ging auch ihm nahe.

Imke griff nach einer Hand voll Heu, die vor dem Zaun liegen geblieben war, und stieg über den obersten Holm. Vorsichtig ging sie auf den Fuchs mit dem zerschlissenen, roten Halfter zu. Die anderen Pferde sahen aus den Augenwinkeln zu ihr herüber, blieben aber an den Raufen stehen.

Der Fuchs hob nicht einmal seinen Blick, als Imke näher kam, so schwach war er. Man sah es seiner Haltung an – er hatte die Hoffnung aufgegeben, dass noch einmal in seinem Leben jemand freundlich zu ihm sein könnte. Imke sprach leise auf ihn ein und hielt ihm die Halme hin.

Zuerst rührte das Pferd sich nicht, blieb einfach kraftlos stehen. Aber dann, nach einigen Minuten, in denen am Zaun atemlose Stille herrschte, streckte der Fuchs den Hals ein wenig, legte seinen Kopf an Imkes Schulter und seufzte tief.

Zögernd nahm er ein paar Halme mit den Lippen auf und zermalmte sie mit angestrengten Kaubewegungen.

»Mein Gott«, flüsterte Conny und wischte sich mit dem Ärmel über die Augen, »so ein lieber Kerl. Wie haben sie den wohl vorher behandelt?«

Anne und Viktoria Grotmeyer griffen zu ihren Taschentüchern und putzten sich die Nase.

»Das geht einem wirklich an die Nieren.«

Niemand hatte die Frau auf dem Sandweg kommen hören, die plötzlich hinter ihnen stand. Es war die Besitzerin des Hofes. Die etwa 50-jährige Frau in Jeanshemd und Cordhose balancierte ein ausladendes Backblech mit duftendem Apfelkuchen.

»Ich bin froh, dass wir unsere Wiese zur Verfügung gestellt haben«, sagte sie und schaute zufrieden zu den

Pferden hinüber. »Wir haben gar nicht lange nachgedacht. Als wir die Fernsehsendung sahen, war uns sofort klar: Diese Pferde brauchen eine Bleibe. Obwohl . . . «, sie setzte das Blech auf der Motorhaube des Tierarztwagens ab. »Was mit ihnen wird, weiß ich auch noch nicht. Aber jetzt greift erst mal zu! Ihr müsst ja umfallen vor Hunger.«

Das ließen die Tierschützer sich nicht zweimal sagen. Sie hockten sich auf die untersten Holme des Zauns, aßen den warmen Kuchen und sahen zu, wie Imke zum dritten Mal versuchte den rotbraunen Wallach zu einer Heuraufe zu bringen. Jedes Mal, wenn sie sich zum Weggehen umdrehte, folgte er ihr wie ein Hund, den Kopf an ihre Schulter gelegt. Endlich, beim vierten Mal, blieb der Fuchs bei seinen Artgenossen und zupfte am Heu.

Auf Zehenspitzen schlich Imke langsam zum Gatter zurück. Bloß keine hektische Bewegung! Die Pferde waren bestimmt schreckhaft, nach der langen Haft in ihrem rollenden Gefängnis.

»Deichgraf ist nicht dabei«, sagte sie als Erstes zu den anderen, als sie über den Zaun stieg. Imkes Stimmung schwankte zwischen lachen und weinen. Sollte sie lachen, weil Deichgraf nicht auf dem Transporter war? Oder weinen, weil die anderen Pferde so schlimm zugerichtet waren?

Sie wusste es nicht. Aber Imke fühlte sich grenzenlos erleichtert. Ihre Magenschmerzen, die sie die ganze Fahrt über gequält hatten, waren wie weggeblasen.
Imke biss herzhaft in ein großes Stück Kuchen. Endlich konnte sie wieder essen!
Deichgraf war nicht auf dem Lastwagen gewesen! Das war das Wichtigste. Auch wenn sie jetzt neu danach fahnden musste, wo ihr Liebling geblieben war. Aber ihre schlimmsten Befürchtungen waren nicht wahr geworden. Dabei waren es gar nicht *ihre* Befürchtungen gewesen, dachte Imke.
Conny schien ihre Gedanken lesen zu können.
»Eigentlich hat uns erst der blöde Albrecht Steinberg eingeredet, dass Deichgraf auf dem Schlachtpferde-Transporter steht«, sagte Conny kauend. »Dieser niederträchtige Al. Wir wären doch nie darauf gekommen.«
Imke nickte und griff nach einem weiteren Stück Kuchen. »Was passiert jetzt mit den Pferden hier?«, fragten sie die Bäuerin. »Sie behalten Sie doch, oder?«
»So einfach ist das nicht.«
Inge Schneider, die Besitzerin des Hofes, stand auf und schüttelte die Krümel vom leeren Backblech.
»Die Pferde sind ja alle längst verkauft, an einen Italiener. Wir müssten sie ihm abkaufen. Wenn nur das leidige Geld nicht wäre! Ich habe schon unseren Tierschutz-

klub alarmiert. Wir hoffen, dass alle Mitglieder etwas Geld spenden . . . «

Frau Schneider schaute zu den Raufen hinüber, vor denen die Pferde ruhig zusammen standen.

»Den da«, sie zeigte auf »Imkes« Fuchs mit dem zerschlissenen roten Halfter, »den behalte ich auf jeden Fall. Und wenn sich alle auf den Kopf stellen. Der bleibt hier, das ist der Schwächste von allen.«

Die Bäuerin klemmte das Bachblech unter den Arm.

»Ich muss zurück zu den anderen. Die Polizisten verhören gerade den Lkw-Fahrer, diesen Joseph Jablonski. Sie wollen mich dabeihaben.«

11. Kapitel

Schicksalsspiel

Auf den ersten Blick war es ein romantisches Bild.

Vor Inge Schneiders Bauernhaus, das an der Vorderseite mit einem Weintrauben-Spalier bedeckt war, standen zwei lange Bänke aus halbierten Baumstämmen. Die Nachmittagssonne erreichte diese Ecke noch und tauchte sie in warmes Licht. Das Weinlaub leuchtete in allen Rottönen.

Auf den Bänken saßen drei Männer um einen hell gescheuerten Tisch. Zwei große Keramikplatten mit Apfelkuchen standen darauf und dickbauchige, braune Tassen, aus denen heißer Kaffee dampfte.

Auf den zweiten Blick bemerkte man allerdings, dass dieses schöne Bild Risse hatte.

Die Idylle wurde gestört durch den schrottreifen, roten Pferdetransporter neben dem Bauernhaus. Und dass zwei der Gäste am Tisch Polizeiuniformen trugen, ließ auch nicht gerade auf einen fröhlichen Besuch schließen. Nein, das sah nicht nach einem unbeschwerten Plauderstündchen aus. Und das war es auch nicht.

Während Conny, Imke und die anderen auf der Koppel bei den befreiten Pferden waren, führte die Polizei auf der Bank vorm Haus die Vernehmung durch.

»Sie sind also bei Warschau losgefahren?«

Ein jüngerer Polizist, derselbe, der Josephs Lkw vorhin auf der Autobahn gestoppt hatte, wiederholte die Frage betont langsam. Ungeduldig tippte er mit dem Kugelschreiber auf seinen Notizblock.

Der Lkw-Fahrer war nicht sehr gesprächig.

Auf alle Fragen zuckte Joseph Jablonski hilflos mit den Schultern und starrte auf das Kopfsteinpflaster zu seinen Füßen. Er verdrehte seine Schirmmütze in der Hand, wie immer, wenn er in Bedrängnis geriet. Joseph sprach nicht genug Deutsch, um vernünftig antworten zu können. Lieber sagte er gar nichts. Aus Angst, er könne ein falsches Wort wählen, das die Polizei missverstehen würde.

Elend fühlte Joseph sich, hundeelend. Er würde seinen Job verlieren, das stand fest. Sein Chef machte ihm todsicher die Hölle heiß, wenn er Nachricht von der Polizei bekam.

»Lass dich bloß nicht erwischen«, hatte der Boss ihm eingeschärft. »Du weißt, die Polizei findet immer etwas.

Die Bremsen, die Reifen ... Und dann die Tierschützer, die sich über die Pferde aufregen.«
Die Pferde. Das war das zweite Thema.
Weil er, Joseph, sie zum Schlachthof fahren musste, wurde er von allen wie ein Ausgestoßener behandelt. Wie der letzte Dreck. Dabei war er selber schockiert. Das war Josephs erster Pferdetransport ins Ausland. Vorher hatte er nur Baustoffe gefahren oder Möbel. Joseph hatte nicht gewusst, welche Strapaze die tagelange Fahrt für die Pferde war. Sicher, er hatte schon oft von schrecklichen Transporten gehört. Aber davon zu hören oder so eine Fahrt selbst zu erleben – das waren zwei verschiedene Dinge.
Joseph hob den Kopf, als Frau Schneider von der Koppel zurückkam und sich zu ihnen an den Tisch setzte. Sie hatte kaum etwas gesagt, da fasste er schon Vertrauen zu ihr. Ihre Art war zupackend und warmherzig.
Frau Schneider goss sich Kaffee ein und unterhielt sich kurz mit den beiden Polizisten. Das Problem war, dass Joseph nur bruchstückweise Deutsch sprach.
»Dass ich nicht eher darauf gekommen bin«, sagte Inge Schneider plötzlich. Sie stand auf. »Meine polnischen Erntehelfer! Sie wissen schon, Äpfel und Kartoffeln. Moment, ich hole den Wenzel. Der hilft uns, er spricht gut Deutsch.«
Inge Schneider lief um das Haus herum zu ihren Apfel-

feldern, die sich gleich an die Weiden anschlossen. Als sie wenig später mit einem kräftigen, etwa 30-jährigen Mann zurückkehrte, atmete Joseph auf.
Wenzel jedoch, sein Landsmann, schien absolut nicht glücklich zu sein, Joseph zu treffen. Frau Schneider hatte Wenzel unterwegs von dem gestoppten Pferdetransport berichtet. Ihr Erntehelfer wollte daraufhin gar nicht zur Vernehmung mitkommen, so empört war er.
»So einem helfe ich doch nicht«, hatte er wütend gesagt. Seine Arbeitgeberin redete mit Engelszungen, bis sie den widerspenstigen Wenzel überreden konnte, Josephs polnische Aussagen zu übersetzen.
Wenzel blieb vor dem Tisch stehen und musterte Joseph finster. Mit einer verächtlichen Bewegung schob er seine Baseballkappe in den Nacken. Inge Schneider konnte gerade noch verhindern, dass Wenzel vor Joseph ausspuckte.
Dann sagte Wenzel etwas auf Polnisch. Obwohl man den Inhalt nicht verstand, hörte man an dem scharfen Ton, dass er Joseph beschimpfte.
Sofort griff Frau Schneider auf ihre energische Art ein.
»Hör auf! Joseph hat so eine Behandlung nicht verdient«, wies sie Wenzel zurecht. »Er ist nur derjenige, der seinen Kopf hinhält. Und der alles ausbaden muss.«
Der jüngere Polizist nickte. Manchmal hasste er seinen Beruf. »Es sind immer die Falschen, die wir erwischen.«

Er lehnte sich zurück und sah einen Moment lang mutlos aus. »Die großen Geldverdiener und Tierquäler sitzen woanders. Die Politiker sind auch schuld mit ihren schlappen Tierschutzgesetzen.«
Er zückte seinen Stift und stellte kurze Fragen, die Wenzel übersetzte. Zunächst missmutig, aber als er sich ein wenig mit dem Lkw-Fahrer in seiner Muttersprache unterhalten hatte, wurde sein Ton freundlicher. Selbst Wenzel schien jetzt zu glauben, dass Joseph wenig Schuld an dem entsetzlichen Zustand auf dem Lkw hatte.
Auf einmal wurde die Vernehmung durch lauten Krach gestört, der von der Weide kam.
Die Pferde schnaubten und schnorchelten vor Angst. Bis zum Haus herunter hörte man das. Frau Schneider konnte sehen, dass einige Pferde immer wieder gegen das Gattertor rannten. Voller Panik stießen sie ein kurzes Wiehern aus.
Die Bäuerin sprang auf, Joseph und Wenzel auch.
Was war passiert?
Zu dritt liefen sie zur Koppel hinauf.
»Los, wir müssen hinterher«, sagte der ältere Polizist sofort. »Den Joseph Jablonski dürfen wir nicht aus den Augen lassen. Wenn er sich aus dem Staub macht, bekommen wir ziemlich viel Ärger.«
»Stimmt«, sagte sein jüngerer Kollege und schloss im

Gehen die Uniformjacke. »Aber das glaube ich nicht. Der macht einen anständigen Eindruck.«
»Einen guten Eindruck macht dieser Joseph wirklich. Aber du guckst den Menschen immer nur vor den Kopf und nicht hinein«, gab der andere zu bedenken. »Alte Polizisten-Weisheit.«

Kai Jensen sprach beruhigend auf die Pferde ein, als die ganze Vernehmungsrunde den Weg heraufkam. Allmählich legte sich die Aufregung auf der Weide wieder. Nur vier Pferde kamen überhaupt nicht zur Ruhe. Als ob sie blind wären, rannten sie immer wieder gegen den Holzzaun.
Jedes Mal zuckten Conny und Imke zusammen, als ob sie selbst dagegen gelaufen wären und den Schmerz spürten.
»Vielleicht können sie nichts sehen?«, fragte Conny. »Sie werden doch nicht gejagt, sodass sie flüchten müssen.«
Imke verstand die Aufregung auch nicht.
»Diese kleine Taube, die vorhin aus dem Heu hochgeflogen ist«, Imke zeigte auf die Raufen, »kann doch ein Pferd nicht so verrückt machen.«
Anne winkte Joseph und Wenzel zu sich herüber. Die beiden kamen näher.
»Wissen Sie nicht, was mit den Pferden los ist?«
Joseph Jablonski verstand die Frage zum großen Teil

und antwortete auf Polnisch. Ein Wortschwall ergoss sich über seinen Landsmann.
Wenzel fragte ein paar Mal nach, ungläubig, wie es schien. Während Joseph erzählte, bückte er sich und umfasste seine Fußgelenke mit den Händen.
Kopfschüttelnd hörte Wenzel zu.
»Die Pferde für den Transport kennen nur ein Leben im Stall«, übersetzte er dann. »Das hier ist die erste Weide, die sie in ihrem Leben sehen. Bisher standen sie mit festgebundenen Beinen eng nebeneinander. Sie kennen keine Freiheit und keine Wiese. Natürlich genügt da schon ein Vogel, um sie in Panik zu versetzen.«
Kai Jensen stieg kurz entschlossen über den Zaun, um sich um die Pferde zu kümmern.
»Das wäre wirklich ein Drama«, sagte er über die Schulter, »wenn sie sich hier verletzen, wo wir sie gerade gerettet haben.«
Aufmerksam ging er an die Pferde heran. Als die ersten aufgeregt zur Seite sprangen, blieb er stehen. Erst nach einiger Zeit machte er erneut zwei Schritte vorwärts. Überraschend schnell gewöhnten sich die Tiere an seine Gegenwart. Offensichtlich merkten sie, dass Jensen ein Mensch war, von dem sie nichts zu befürchten hatten.
Stundenlang hätte man den Pferden zusehen können. Drei der mutigsten verloren ihre Furcht ein wenig. Sie wagten schon einen kleinen Ausflug ans Ende der Wei-

de und rupften ein paar Blätter von den Ahornbäumen, die ihre Zweige über den Zaun streckten.
Schließlich klopfte der ältere Polizist mahnend auf sein Notizbuch.
»Sorry, aber wir müssen endlich weitermachen. Unsere Dienststelle kann nicht ewig auf uns warten.«
Sie nahmen Joseph und Wenzel mit nach unten. Die anderen blieben an der Koppel stehen.
»Wie geht es denn nun weiter mit den Pferden?«, fragte Conny und lehnte sich über den Zaun.
Frau Schneider seufzte. »So wie es aussieht, muss Joseph eine saftige Strafe zahlen. Wegen Verkehrsgefährdung mit seinem kaputten Lkw. Er muss ihn reparieren lassen und . . . «
» . . . nach Hause zurückfahren«, ergänzte Anne schnell. »Und die Pferde bleiben hier. Sagen Sie, dass das stimmt, Frau Schneider.«
»Leider nicht. Er darf die Pferde wieder aufladen und damit nach Italien weiterfahren. Der Amtstierarzt hat bestätigt, dass die Tiere nach einer Erholungspause von drei Tagen wieder transportfähig sind.«
Für die Mädchen war das eine schreiende Ungerechtigkeit.
»Soll das heißen, dass alles vergebens war?«, fragte Imke und sah Frau Schneider Hilfe suchend an.
»Sehe ich so aus, als ob ich sofort klein beigebe?«

Nein, so sah Inge Schneider wirklich nicht aus, wie sie vor ihnen stand, die Hände in die Seiten gestemmt. Voller Entschlusskraft und Tatendrang. »Ich setze Himmel und Hölle in Bewegung, um die Pferde zu retten.«
Anne und ihr Vater mussten nach Hause. Auch Viktoria Grotmeyer hatte abends eine Verabredung.
Gleich am nächsten Tag wollten die drei sich mit anderen Tierschützern treffen – zur Lagebesprechung.
»Zwei oder drei Pferde bringen wir bestimmt unter«, meinte Anne zuversichtlich, als sie sich verabschiedete. »Bei uns gibt es therapeutisches Reiten, für kranke Kinder, da suchen sie immer Pferde.«
»Einige der Pferde kann man sicher für leichtes Schrittreiten ausbilden«, glaubte auch Viktoria Grotmeyer. »Das könnte ich übernehmen. Ein paar sind wohl richtige Reitpferde, die stammen vermutlich aus der Versteigerung in Bargteheide.«
Kurz nach den dreien fuhren auch die Polizisten ab.
Joseph hatte mit seinem Boss in Polen telefoniert.
Es war genauso gekommen, wie er befürchtet hatte. Der Chef des Schlachtpferde-Transporters hatte ihn hinausgeworfen. Natürlich musste Joseph vorher noch die Pferde nach Italien fahren und den Lastwagen zurückbringen.
Wie ein Häufchen Elend kauerte Joseph zwischen den anderen auf der Bank vor dem Bauernhaus.

Der Mann war verzweifelt. Wie sollte er ohne Job seine Wohnung bei Warschau bezahlen? Er lebte ja schon bescheiden, hatte nur ein Zimmer. Wie sollte es bloß weitergehen? Arbeitsstellen waren bei ihm zu Hause Mangelware.

»Joseph sieht gar nicht wie ein Tierquäler aus«, sagte Imke leise zu Conny, »sondern eigentlich richtig nett.«

Sie dachte daran, dass auch ihr Vater aus heiterem Himmel arbeitslos geworden war. Schlimm, wenn man kein Geld mehr verdiente. Deswegen musste sie ja auch ihren Deichgraf verkaufen.

Obwohl Imke flüsterte, verstand Frau Schneider ihre Bemerkung. Zustimmend drückte sie Imkes Arm. Inge Schneider hatte längst gemerkt, dass Joseph im Grunde ein guter Kerl war. Ihm ging das Schicksal seiner Pferde wirklich nahe.

»Wollen Sie nicht eine Weile hier bleiben und für mich arbeiten?« Aufmunternd zeigte sie über ihren Hof. »Hier gibt es eine Menge zu tun. Können Sie mit Holz umgehen? Ich meine, wie ein Tischler? Sägen, schrauben?«

Mit der Hand führte sie eine unsichtbare Säge durch die Luft und drehte einen eingebildeten Schraubenzieher.

Joseph war völlig überrumpelt. Hatte er richtig gehört? Zögernd nickte er.

»Also abgemacht«, sagte Inge Schneider zufrieden. »Ich

brauche ein paar neue Boxen drüben, hinter dem alten Stall. Können Sie die bauen?«
Joseph griff ihre Hand und bedankte sich überschwänglich. Er wechselte dauernd zwischen Deutsch und Polnisch, so durcheinander war er.
»Wir gehen jetzt herein und rufen bei Ihrem Chef an.« Fast brüsk wechselte Frau Schneider das Thema. Zu viel Dankbarkeit war nichts für sie. Sie tat, was sie für richtig hielt. Basta. »Mal hören, welchen Preis er für die Pferde haben will.«
Nach einer Weile kamen die beiden und Wenzel zurück, der übersetzen musste.
Frau Schneider strahlte übers ganze Gesicht.
»Eine Hürde ist genommen. Er hat zwar furchtbar viel Theater gemacht. Egal, das Ergebnis ist – er verkauft uns die Pferde.« Sie zog eine blaue Strickjacke über, die sie aus dem Haus mitgebracht hatte. »Aber zwei große Hürden stehen uns noch bevor. Wir müssen das Geld auftreiben und Plätze für die Pferde finden.«
Mit einem Aufschrei fielen sich Conny und Imke um den Hals. »Und alles nur, weil wir Deichgraf gesucht haben«, jubelte Imke. »Sonst wäre etwas Schreckliches mit all den Pferden passiert.«
Nachsichtig lächelte Frau Schneider. »Mit euch passiert auch etwas Schreckliches, wenn ihr weiter in den dünnen T-Shirts herumlauft«, mahnte sie. »Entweder

gehen wir alle ins Haus oder ihr zieht euch etwas über.«

Der Abend war tatsächlich von einem Moment zum anderen kühl geworden. Feuchtigkeit zog von den Grasflächen hoch. Milchiger Dunst waberte über den Hof. Trotzdem wollte keiner hineingehen. Die Mädchen holten sich ihre Pullover aus Jensens Auto. Auf der Außenbank war es viel aufregender als im Haus. Nicht nur, weil man die Pferde von da aus im Blick hatte. Auch deswegen, weil ständig Autos anhielten, die auf der Straße vorbeikamen. Der rote Schandfleck vor dem Haus, Josephs Lkw-Ungetüm, machte jeden neugierig. Die meisten Leute in der Umgebung kannten Frau Schneider und ihre Leidenschaft, missbrauchten Tieren zu helfen. Viele riefen durch ihre Autofenster: »Ich komme nachher auf einen Sprung vorbei, Inge.«

Einige fuhren gleich auf den Hof, um nähere Einzelheiten zu erfahren.

Zuerst gesellten sich drei Nachbarn zu der Runde, später kamen Freunde aus der ganzen Umgebung. Aus Osnabrück, Aurich und Bremen. Es herrschte ein Gewusel auf dem Hof wie bei einem Volksfest. Inge Schneider schleppte ständig neue Kannen mit Kaffee heran.

Conny, Imke und Kai Jensen erzählten zum zehnten Mal, wie sie auf die Spur des Pferdetransporters gekommen waren.

Lautstark beratschlagte man, wer die geretteten Pferde aufnehmen könnte. Und für Joseph hatte fast jeder einen kleinen oder größeren Auftrag. Arbeit würde der gekündigte Lkw-Fahrer demnächst genug haben.
Mehrmals wischte Joseph Jablonski sich verstohlen ein paar Tränen aus den Augenwinkeln. Dass er so viel Beistand fand, hatte er nicht erwartet.
Für die meisten Pferde hatte man bis zum Einbruch der Dämmerung einen Platz gefunden.
Zwei Bauern bei Aurich wollten vier Tiere aufnehmen. Einige Pferde konnten ins Osnabrücker Land vermittelt werden. Sechs, die ärmsten, würden Zuflucht auf einem Gnadenhof an der Weser finden. In der Pferde-Oase bei Brake sollten sie einen schönen Lebensabend verbringen. Den schwachen Fuchs wollte Inge Schneider bei sich behalten.
Das Problem blieb das Geld. Einmal musste der Kaufpreis zusammenkommen, zum anderen die monatlichen Kosten für die Unterbringung der Pferde.
»Aber die meisten kommen doch auf einen Gnadenhof«, warf Imke verwundert ein. »Der kostet doch nichts.«
»Auch ein Gnadenhof muss bezahlt werden«, klärte Frau Schneider die Mädchen auf. »Was glaubt ihr, wie teuer Futter ist. Und Stroh, Tierarzt, Schmied. Das sind jeden Monat ein paar hundert Mark pro Pferd.«
Sie berieten, bis die Köpfe rauchten.

Conny kam schließlich auf die beste Idee.
»Wir könnten doch Patenschaften übernehmen. Für jedes Pferd. Ich sammle bei uns im Stall. Und zu Weihnachten wünsche ich mir Geld für den Gnadenhof.«
»Ich auch«, sagte Imke. »Bastian, Jule und die anderen machen sicher auch mit.«
Frau Schneider war begeistert und gratulierte Kai Jensen zu seiner cleveren Reitschülerin.
Trotzdem blieb das Problem, wie man bis übermorgen genügend Geld für den Kauf der Pferde auftreiben sollte. Man musste Tierfreund für Tierfreund einzeln ansprechen und um eine Spende bitten.
Zwei wichtige Anrufe von Tierschützern wollte Herr Jensen noch abwarten, dann aber schnellstens nach Hamburg zurück.
Conny und Imke fanden es unerträglich, herumzusitzen und nicht helfen zu können. Und wenn das gesammelte Geld nicht reichte? Wurden die Pferde dann nach Italien geschickt? Eine schreckliche Vorstellung.
Irgendetwas musste man tun.
»Wir machen ein Schicksalsspiel«, sagte Conny plötzlich zu Frau Schneider. »Wenn wir gewinnen, heißt das, dass Sie Geld genug sammeln und alle Pferde freikaufen können.«
»Das hört sich ja ganz nach Hexenzauber an«, sagte Inge Schneider erstaunt. »Hmm . . . warum nicht? Aber was

ist das für ein merkwürdiges Spiel?« Conny erklärte das Schicksalsspiel.

»Wir müssen hier etwas finden, was wir von unserem Reiterhof Birkenhain kennen. Das bringt Glück.«

Inge Schneider seufzte. »Schön wär's. Und *was* wollt ihr finden?«

Auf dem Tisch lag noch Schreibzeug von der Vernehmung. Conny griff nach Block und Stift.

»Ich schreibe sieben Punkte zur Auswahl auf. Davon muss ein Punkt übereinstimmen.«

Sie nummerierte den Block von 1–7 durch und begann mit der Liste.

1. Die gleichen Boxen wie auf Birkenhain.
2. Dieselbe Marke des Kraftfutters.
3. Die Heuballen müssen gleich groß sein.
4. Gleiche Pferderassen.

Kai Jensen protestierte.

»Pferderassen . . . das ist viel zu einfach. Hier in Norddeutschland findet man in fast jedem Stall Hannoveraner, Holsteiner, Fjordpferde, Friesen und Oldenburger.«

Conny und Imke stritten sich ein bisschen mit Jensen, dann strich Conny hinter »4.«, das Wort *Pferderassen* durch.

Sie ersetzte es durch *Pferdenamen*.

5. Zinkenzahl der Heugabeln.
6. Material der Futterkrippen.

7. Farbe der Hofbesen.
»Du hast nicht zufällig einen Leistungskurs ›Hexen‹ belegt, Conny Clasen?«, fragte Herr Jensen. »Ist nur so eine Vermutung von mir, wegen des Besens . . . «
Schmunzelnd goss Frau Schneider den Mädchen Fruchtsaft ein.
»Einen Zaubertrank kann ich euch leider nicht anbieten, aber vielleicht hilft Pfirsich-Maracuja auch«, sagte sie und machte eine einladende Handbewegung. »Guckt euch um, ob ihr etwas findet.«
In einem Zug tranken die Mädchen ihre Gläser leer. Dann gingen sie auf die Suche und durchstreiften Stall und Hof. Alle Pferde der Schneiders waren auf den Weiden. Also freie Bahn, sich ungestört im Stall umzusehen. Nein, die Boxen glichen denen auf Birkenhain überhaupt nicht. Auch die Heuballen nicht, sie waren viel größer. Selbst die Forken und Futtertröge sahen etwas anders aus. Auch der Markenname des Kraftfutters war ein anderer. Sogar die Hofbesen hatten nicht die leiseste Ähnlichkeit. Auf dem Schneider-Hof waren die Borsten gelb, während bei Jensen mit schwarzen und roten Besen gefegt wurde.
Sechs Punkte von sieben waren abgehakt. Alles Fehlanzeige. Es war wirklich wie verhext.
Imke raufte sich die Haare.
»Du mit deinem blöden Schicksalsspiel«, sagte sie zu

Conny. »Was ist, wenn wir auch bei den Namen nichts finden? Bringt das Unglück?«
»Das bedeutet gar nichts«, beteuerte Conny. Insgeheim ärgerte sie sich aber längst, dass sie mit dem Blödsinn angefangen hatte.
Die Mädchen gingen zurück zu den Boxen und studierten die Namenstafeln.
Allmählich dämmerte es in der Stallgasse. Sie suchten nach einem Lichtschalter, fanden ihn aber nicht. Doch auch im Halbdunkel erkannten sie, dass keins der Pferde so hieß wie die Pferde auf Birkenhain: Sally oder Rocky, King Louis oder Flecken-Paula, Leo oder Popcorn, Fuchsi oder Turbo, Cherie oder Lotta, Nappo oder Santana, Godewind oder Nordlicht, Ankum oder Brinkum, Kalle oder Ole.
Eine gewisse Ähnlichkeit gab es nur bei einem Namen – ein Wallach auf dem Schneider-Hof hieß »Oleander«,
»Das kann man zur Not gelten lassen«, meinte Conny und sprach den Namen gedehnt aus. »Ole – ander.«
Aber Imke widersprach. »Du spinnst wohl. Das ist wirklich gequält.«
Pleite auf der ganzen Linie. Nicht mal die Namen der Friesenpferde, von denen zwei auf dem Hof standen, waren ähnlich. In Bersenbrück hießen sie Jelke und Wieger und nicht Ankum und Brinkum wie die auf Birkenhain.

»Dabei behauptet Herr Jensen immer, auf unsere Friesen kann man sich verlassen«, sagte Imke, als sie mit Conny zu dem Bauernhaus zurückschlenderte. Über den Wiesen zog Nebel auf.

Conny hatte ein schlechtes Gewissen, dass sie alle mit ihrem Schicksalsspiel genervt hatte. Ohne Ergebnis kehrte sie an den Kaffeetisch zurück. Aber die anderen schienen das nicht so eng zu sehen.

»Mach dich nicht verrückt, Mädchen!«, sagte Kai Jensen und trank seine Kaffeetasse leer. »Wir haben doch schon jede Menge Glück gehabt. Der Transporter ist stillgelegt, Deichgraf war nicht dabei – wenn das kein Erfolg ist.«

Er stand auf und reckte sich.

»So, nun aber los. Ab nach Hause, bevor wir in die Nebelsuppe kommen. Wir müssen über die Weser, da sieht man oft die Hand vor Augen nicht.«

Von den Feldern hörte man Wortfetzen und Lachen. In den herbstlichen Dunst mischte sich Rauch.

Conny hielt ihre Nase in die Luft und schnupperte. »Brennt hier etwas?«

»Die Männer machen ein Kartoffelfeuer.«

Frau Schneider war nicht überrascht von dem Brandgeruch.

»Eigentlich pflügen wir das Kartoffelkraut unter die Erde. Aber meine Erntehelfer packen immer etwas zur Seite und stecken es abends an. Ist ja auch gemütlich, rings um die Glut zu sitzen.«

Ein Lagerfeuer!

Sofort bestürmten Conny und Imke ihren Reitlehrer.

»Dürfen wir hin, Herr Jensen? Sagen Sie Ja!«

Jensen schlug mit der Hand auf den Tisch.

»Ihr habt sie wohl nicht alle. Zufällig habe ich in Hamburg noch einen kleinen Reitstall zu versorgen, wenn sich die Damen erinnern. Wir fahren jetzt. Ende.«

Murrend suchten die Mädchen ihre Sachen zusammen. Bevor sie gingen, tauschten sie mit Inge Schneider und anderen Tierschützern Adressen aus. Auch mit Joseph, der sich bereits an der klemmenden Haustür nützlich machte.

Die Mädchen liefen ein letztes Mal zur Koppel hinauf und verabschiedeten sich von den Pferden.

Dann scheuchte Herr Jensen sie ins Auto und fuhr los. Gleich nach der Hofausfahrt, sie waren höchstens eine Minute gefahren, musste er an einer kleinen Kreuzung halten.

Plötzlich stieß Conny einen Begeisterungsschrei aus.

»Da . . . lest doch mal.« Aufgeregt zeigte sie auf ein gelbes Straßenschild.

Nach Ankum 6 km stand darauf.

»Ankum! Der Ort heißt so wie unser Friese. Damit ist das Schicksalsspiel entschieden.«

Zufrieden lehnte Conny sich in ihrem Sitz zurück. »Das heißt – Frau Schneider wird genug Geld auftreiben und die Pferde freikaufen. Super!«

»Sage ich doch immer«, brummte Herr Jensen und fuhr wieder an. »Auf unsere Friesen kann man sich verlassen.«

12. Kapitel

Misstrauen gegen Al

King Louis lag im Stroh und wirkte krank. Immer wieder drehte der braune Wallach sich nach seinem Bauch um.
Mit sorgenvoller Miene blieb Kai Jensen vor seiner Box stehen und warf einen Blick in die Futterkrippe. Hafer und Pellets häuften sich noch im Trog.
Jensen sah sich im Stall um. An der Qualität des Futters konnte es nicht liegen. Rocky, Lotta und Ankum, die er von hier genau beobachten konnte, zermalmten ihre Vormittagsmahlzeit mit Genuss.
Nur das Futter von King Louis lag unberührt im Trog. Kein gutes Zeichen.
Gestern Abend, als er aus Bersenbrück zurückkam, lag eine Notiz von Axel Rakete auf seinem Schreibtisch. »King Louis hat heute kaum gefressen. Habe Fieber gemessen, er hatte aber normale Temperatur, 37,5°. Gruß, Axel.«

»Werd du mir nicht auch krank, mein Alter«, sagte der Stallbesitzer und musterte seinen Herdenchef genauer. Dieses ständige Umgucken, das war das Zeichen für eine Kolik. Eine Darm-Anschoppung begann so. Die entstand, wenn das Futter sich im Bauch sammelte und nicht weiterrutschte. Das konnte passieren, wenn ein Pferd zu viel sperriges Stroh fraß oder zu wenig Wasser trank.

Kai Jensen rieb sich das Kinn. Er war ratlos. Was war mit seinen Pferden los?

King Louis war schon der Vierte in wenigen Tagen, der eine leichte Kolik hatte. Flecken-Paula kam kürzlich gerade noch einmal ohne Tierarzt davon. Aber für seine beiden Fjordpferde Ole und Kalle musste Jensen heute schon in aller Herrgottsfrühe Dr. Teichmüller holen. Der Stallbesitzer hatte seine Fjordies schwitzend in ihren Boxen vorgefunden, beide mit Kolik. Gott sei Dank ging es Ole und Kalle nach Dr. Teichmüllers Behandlung nun besser.

»Ungewöhnlich, diese Anhäufung von Koliken«, hatte Dr. Theo Teichmüller gesagt. »Sieht so aus, als ob eure Pferde zu wenig Wasser trinken. Sind etwa die Automatiktränken bei euch defekt?«

Nein, sie funktionierten einwandfrei.

Zusammen hatten die beiden Männer Tränke für Tränke in jeder Box überprüft waren.

Das Prinzip der Automatiktränken war einfach. Drückte ein Pferd seine Nase gegen eine Metallzunge im Becken, öffnete sich ein Ventil und Wasser lief in die Tränke. Wie bei einem Wasserhahn. Dr. Teichmüller schöpfte sogar mit der hohlen Hand etwas Wasser aus Oles Becken, schnupperte daran und leckte ein paar Tropfen auf.
»Hätte ja sein können, dass irgendein ekliger Beigeschmack im Wasser ist«, sagte er.
Aber auch das schied aus. Das Wasser schmeckte gut und sah klar aus wie immer.
Kai Jensen sah sich stirnrunzelnd im Stall um und fragte sich, wieso bei ihm plötzlich so viel Unheil passierte. Sein großer Westfale Turbo fiel auch aus. Er hatte zwar keine Kolik, aber einige seltsame blutige Risse an beiden Vorderbeinen.
Jensen grübelte nach, während er dem liegenden King Louis geschickt und schnell ein Stallhalfter überstreifte. Falls der Tierarzt nachher kommen musste, war das Halfter nötig, um dem Pferd hochzuhelfen.
Warum trug der King eigentlich kein Halfter? Jensen ärgerte sich. Das war Albrechts Aufgabe, dafür zu sorgen. Überhaupt dieser Al. Nichts machte er ordentlich, sein neuer Lehrling.
Jensen kam es so vor, als ob sein Stall sich erst in ein Krankenlager verwandelt hatte, seit Albrecht Steinberg da war. Das *konnte* Zufall sein, *musste* aber nicht.

Gerade, als Jensen beschloss Al ein wenig mehr auf die Finger zu gucken, sah er ihn durch die Stallgasse kommen.
Al Steinberg schob die Mistkarre nach draußen. Bei Kai Jensen blieb er stehen und deutete auf King Louis.
»Krank?«, fragte der Lehrling. Das klang nicht mitfühlend, sondern eher verdrossen. Kranke Pferde bedeuteten mehr Arbeit, das war nichts für Al.
Herr Jensen zuckte die Achseln und sah ihn forschend an.
»Ja, scheint wieder eine Kolik zu sein. Sag mal, du gibst den Pferden doch nicht etwa schimmeliges Heu oder Stroh? Oder fütterst irgendetwas hinter meinem Rücken? Weiches Brot? Verfaulte Äpfel?«
»Aber Chef«, entrüstete sich Al und hob die Karre wieder an. »Ich mache nur das, was Sie sagen.«
Jensen knurrte etwas Unverständliches.
Argwöhnisch sah er hinter seinem neuen Lehrling her, als der die Karre nach draußen brachte. Dieser Junge war ihm nicht geheuer. Er konnte nicht einmal sagen, warum.
Als Kai Jensen sich wieder seinem kranken Pferd zuwandte, ahnte er plötzlich, weshalb er Albrecht Steinberg nicht über den Weg traute. Der Grund dafür lag vor ihm in der Box und hieß King Louis.
Der hatte nämlich beim Anblick von Al die Ohren ange-

legt und sein Drohgesicht aufgesetzt. Und das, obwohl es ihm schlecht ging. Kranke Pferde kümmern sich eigentlich nicht um ihre Umgebung. King Louis mochte diesen Albrecht Steinberg nicht, das war deutlich zu erkennen.

Jensen gab viel darauf, wie sein Leitpferd Menschen einschätzte. Er glaubte fest daran, dass King Louis einen sechsten Sinn hatte, was Menschenkenntnis betraf. Ganz besonders wenn es um diesen Al ging.

Der Stallbesitzer drehte sich um und ging ins Büro, um Dr. Teichmüller anzurufen. Sicher ist sicher, dachte er. Ein altes Pferd wie King Louis war empfindlicher als ein junges.

»Herr Jensen«, rief Jule von draußen hinter ihm her. »Darf Imke heute Sally reiten? Als Trost . . . wegen Deichgraf.«

»Meinetwegen«, brummte Jensen. »Hab nichts dagegen, wenn die Halle frei ist. Aber ohne Sattel.«

So richtig freute Imke sich nicht über die geschenkte Reitstunde. Seit ihrer Rückkehr gestern Abend war sie zwar nicht mehr so niedergeschlagen wie vorher, aber in Hochstimmung auch nicht gerade.

Nicht einmal die Freudenbotschaft, die Jensen den Mädchen vorhin überbracht hatte, stimmte Imke Zavelstein hundert Prozent fröhlich.

Inge Schneider hatte soeben im Stall angerufen und gejubelt: »Wir haben das nötige Geld aufgetrieben.« Alle Pferde aus Josephs Transporter waren gerettet. Eine phantastische Nachricht.
Aber – wo steckte Deichgraf? Die Ungewissheit lähmte Imke wie eine Krankheit.
Gut, dass Jule ihr keine Zeit ließ, Trübsal zu blasen. Jule wollte alles von gestern haarklein wissen, während sie Sally und das Fohlen aus der Box holte. Wie die Polizisten waren, wie die Pferde aussahen, wer sie aufnahm, einfach alles. Natürlich ärgerte Jule sich schrecklich, dass ihre Eltern ihr einen Strich durch die Rechnung gemacht hatten. Wie gern wäre sie mit zur Raststätte gefahren!
Jule führte Sally in die Halle, das Fohlen tippelte aufgeregt nebenher. Sie half Imke beim Aufsteigen und gab ihr die Zügel. Auf Sallys Rücken machte Imke das Reiten dann doch Spaß. Es war auch zu komisch, wie das zierliche, braune Fohlen M2 um Sally herumsprang und empört wieherte. Immer wieder versuchte es, gegen die Stiefel der Reiterin zu stoßen. Es passte der kleinen M2 ganz und gar nicht, dass ein Mensch ihr die Mutter wegnahm.
Wenn Imke antrabte, galoppierte M2 so schnell neben ihr her, bis sie Sally überholt hatte. Dann stoppte das Fohlen plötzlich quer vor Sallys Brust, um sie zum Hal-

ten zu zwingen. Zweimal fiel Imke fast kopfüber herunter, weil Sally eine Vollbremsung machte.
Jule stand mitten in der Halle und hielt sich den Bauch vor Lachen, wenn M2 ihre Mutter wieder ausgetrickst hatte. Nach einer halben Stunde tauchte Herr Jensen am Halleneingang auf. Er stemmte die niedrige Tür auf, ging schnurstracks zu Sally hinüber, ließ sie anhalten und hielt einen weißen Briefbogen hoch.
M2 hüpfte um ihre Mutter herum und schnappte nach dem Papier.
»Mir ist nicht nach Scherzen zu Mute, Kleine«, sagte Herr Jensen, strich dem Fohlen aber trotzdem liebevoll über die Nase.
»Hat das eine von euch geschrieben?«, fragte er die Mädchen und wedelte mit dem Brief.
»Was denn?«, wollte Jule wissen. Sie wusste wirklich nicht, wer Herrn Jensen eine Geheimnotiz zugesteckt haben könnte. Imke auch nicht.
»Na schön. Moment mal«, knurrte Herr Jensen und stürmte im Laufschritt durch die Sägespäne zum anderen Ende der Halle. Er beugte sich über die Bande, untersuchte die Holzwand und tastete die einzelnen Latten ab.
Fragend sahen Jule und Imke sich an. Was sollte das?
»Ist hier gestern irgendetwas passiert, als wir unterwegs waren?«, flüsterte Imke.

Mit hochrotem Kopf kam Jensen zu den Mädchen zurück. »Wenn das stimmt«, wütete er. »Wenn das stimmt, dann passiert was ... «

Wem wann was passierte, ließ er offen. Aber Jensens Miene verriet, dass es nicht sehr lustig sein würde, was er vorhatte.

Dann berichtete Jensen vom Inhalt des Briefes. Es ging um Al, Albrecht Steinberg. Folgendes sollte gestern geschehen sein, wenn man dem unbekannten Schreiber glauben durfte.

Als Jensen mit Conny und Imke weggefahren war, ritt Al den Westfalen Turbo in der Reithalle. Der Braune wollte ein paar Mal nicht vorschriftsmäßig in die Ecken gehen. Albrecht ärgerte sich maßlos darüber und jagte Turbo im Jähzorn gegen die Wand, bis das Pferd in seiner Verzweiflung stieg. Mit den Vorderbeinen trat es durch die Holzlatten und verletzte sich.

»Ich habe gerade nachgesehen«, sagte Herr Jensen und zeigte auf die gegenüberliegende Hallenwand. Seine Stimme bebte vor Zorn. »Ein paar Stellen sind mit Holzkitt bestrichen. Frisch ausgebessert. Und die Wunden von Turbo, die stammen von Holzsplittern, wenn mich nicht alles täuscht.«

Den Mädchen verschlug es die Sprache. Gab es tatsächlich solche Tierquäler in ihrem Stall? Nicht nur bei Schlachtpferde-Transporten?

Sogar das Fohlen schien den Ernst der Lage zu spüren. Jedenfalls wieherte es nicht mehr wie vorher und rannte auch nicht um Sally herum.
»Wisst ihr etwas davon?«, fragte Kai Jensen.
Die Mädchen waren wie vor den Kopf geschlagen.
»Aber Herr Jensen, das hätten wir Ihnen doch sofort gesagt.« Imke konnte es gar nicht fassen. »Tierquäler, überall Tierquäler. Wie kann man so freundlichen Tieren wie Pferden bloß etwas Böses antun?«
Imke streichelte Sallys Mähne, als ob sie die Stute dadurch vor Unheil schützen könnte.
Verwundert sah Jule zu ihrer alten Erzfeindin auf Sallys Rücken hoch. Imke Zavelstein, Ober-Nervi, schmuste mit Sally? Mit Sally, auf der Imke früher nur herumgehackt hatte? Hatten die Erlebnisse um Deichgraf sie etwa in einen anständigen Menschen verwandelt? Fast schien es so.
»Zutrauen würde ich ihm das.« Jule nickte grimmig. »Er ist immer so gemein.«
»Ein richtiger Fiesling«, ergänzte Imke. »Er hat mir eingeredet, dass Deichgraf auf diesem . . . auf diesem . . . Transporter sein müsste. Werfen Sie ihn jetzt heraus?«
»Ich möchte bloß wissen, was die Killerbienen an dem finden«, sagte Jule verächtlich. »Die schlagen sich seinetwegen fast die Köpfe ein – Ilona, Olivia, Senta und

die anderen. Wie die den Al anbaggern, das ist oberpeinlich. Aber Ilona hat ihn sich ja wohl gekrallt. Olivia und Senta sind stinksauer deswegen, glaube ich.«

In Herrn Jensens Gehirn begann es plötzlich, zu arbeiten. Dass die Killerbienen hinter seinem neuen Lehrling her waren, das hatte er gar nicht bemerkt. Ehrlich gesagt, es interessierte ihn auch nicht. Bis jetzt jedenfalls. Nun sah die Sache anders aus. Sorgfältig strich Kai Jensen das Briefpapier glatt und betrachtete das Anklageschreiben genauer.

Eine Mädchenhandschrift war es, das stimmte. Die Killerbienen? Eifersucht? Wollte sich eine der Killerbienen an Al rächen, weil sie bei ihm abgeblitzt war? Aber wer von den 16- und 17-Jährigen würde ihm grundlos so eine Schweinerei unterstellen? Nein, das mochte er von keinem der Mädchen glauben.

Aber vielleicht war das, was sie beschrieb, ja keine bösartige Unterstellung? Sondern eine Tatsache? Es könnte doch sein, dass die Schreiberin Albrecht auf frischer Tat ertappt hatte. Turbos verletzte Vorderbeine und die geflickten Holzlatten sprachen dafür.

»Was ist, Herr Jensen, werfen Sie ihn jetzt heraus?« Imke hakte nach.

Herr Jensen fuhr sich durchs Haar. »Mädchen, so einfach ist das nicht. Erst muss ich ihn zur Rede stellen.«

Jule winkte ab.

»Der lügt doch sowieso.«
Der Stallbesitzer zuckte die Schultern, faltete den Brief zusammen und verließ die Reithalle.
»Bringt Sally und M2 in die Box zurück. Genug für heute«, rief er den Mädchen über die Schulter zu.
Er versuchte ruhig zu erscheinen, dabei kochte er innerlich. Dieser Steinberg. Er musste mit ihm reden. Sofort. Seit Jahren bemühte Jensen sich seine Schulpferde so zu behandeln, dass sie Vertrauen zum Reiter hatten. Und dann kam so einer wie Al und zerstörte diese Feinarbeit in wenigen Tagen. Monate würde es dauern, bis Turbo seine Angst vor Reitern verlieren würde.
»Na warte, Steinberg«, murmelte Jensen, als er seinen »Liebling« in der Sattelkammer erblickte.
Albrecht Steinberg machte soeben Fotos von Jensens Sätteln und Trensen. Als er seinen Chef sah, ließ er blitzartig die Kamera unter die Jacke verschwinden.
Zu spät. Herr Jensen hatte sie gesehen. Wieder so eine Aktion, die merkwürdig war.
»Was soll das?«, fragte Herr Jensen und zeigte auf die Kamera, die sich unter Albrechts Jacke abzeichnete. »Wozu machst du hier Fotos? Von meinen Sätteln?«
»Brauche ich für mein Berichtsheft, Chef.«
Jensen kniff die Augen zusammen. »Ist mir neu, dass ihr so etwas führen müsst. Das brauchen doch nur Praktikanten, Schul-Praktikanten.«

Obwohl Herrn Jensen die Sache mit den Fotos spanisch vorkam, wollte er sie jetzt nicht vertiefen.
Er faltete das Schreiben ein Stück auseinander, sodass man zwar die Schrift, aber nicht den Inhalt erkennen konnte. Beiläufig sagte er zu Al: »Ich habe vorhin diesen Brief gefunden, gehört wohl einem der Mädchen. Hast du zufällig diese Schrift schon mal gesehen? Wer könnte das sein?«
Al war froh, dass sein Chef nicht länger nach dem Grund für die Fotos forschte. Denn er führte mit den Bildern etwas im Schilde, was den Reiterhof Wochen später in große Schwierigkeiten bringen würde. Jensens plötzliches Auftauchen verwirrte Albrecht. Nur deshalb passierte es ihm, dass er sich nicht auf den Brief konzentrierte. Albrecht Steinberg warf nur einen flüchtigen Blick darauf.
»Klar, die Schrift kenne ich. Senta.« Er grinste schief: »Brutaler Fan von mir, schreibt mir dauernd Liebesbriefe. Geht mir voll auf die Nerven.«
»Bist du ganz sicher? Es ist wichtig.«
»Klar doch. Keine Frage.«
Also doch. Eine von den Killerbienen.
Ohne weitere Worte drehte Jensen sich um und ging auf die Suche nach Senta.
Er fand die 17-Jährige mit dem kinnlangen, braunen Haar auf dem Hof. Sie saß neben Ilona auf der Bank am

Paddock. Beide hatten einen Sattel auf den Knien, den sie gerade mit Lederfett einrieben.
Ohne Umschweife sprach Kai Jensen Senta auf den Brief in seiner Hand an.
»Hast du das hier geschrieben?«
Senta war völlig überrumpelt. Sie lief feuerrot an und sah schnell zu Ilona hinüber. Senta wand sich wie ein Aal, um einer Antwort zu entgehen. Das Letzte, was sie wollte, war, dass Ilona von diesem Brief erfuhr.
Aber in diesem Fall kannte der Stallbesitzer kein Erbarmen. Man konnte nicht einfach jemanden beschuldigen und dann nicht zu seinen Worten stehen.
»Ja oder nein, Senta?«
»Also . . . ja.«
»Und das stimmt alles, was in deinem Brief steht? Hast du das selbst gesehen?«
»Ja.«
»Komm mit.«
Als Senta keine Anstalten machte, Jensens Aufforderungen zu folgen, nahm er unwirsch den Sattel von ihren Knien und legte ihn auf die Bank. Dann packte er sie am Handgelenk und zog sie hinter sich her in den Stall. Er wollte, dass Senta dabei war, wenn er Al zur Rede stellte.
Einen Moment blieb Ilona erstarrt sitzen. Als sie sich wieder gefangen hatte, schob sie den Sattel zur Seite, sprang auf und lief hinter Senta und Jensen her.

Al war überrascht, als Jensen mit den Killerbienen in die Sattelkammer stürmte. Aber er ließ sich nichts anmerken, sondern gab sich obercool. Lässig lehnte er sich gegen die Wand und warf sein schwarzes Haar zurück.
»Was hast du gestern mit Turbo gemacht, Albrecht Steinberg?«, fragte Kai Jensen drohend und schwenkte den Brief mit Sentas Handschrift. »Versuch nicht zu lügen, ich weiß, dass er gestiegen ist. Also los, ich höre ... «
Erst stritt Albrecht alles ab. Aber Kai Jensen ließ nicht locker. Albrecht warf Senta einen verächtlichen Blick zu.
»Was versteht die denn vom Reiten? Die kann das doch gar nicht beurteilen, was eine reiterliche Meisterleistung ist ... «
»Ich wüsste nicht, dass *du* ein Reitmeister bist«, sagte Kai Jensen frostig.
Al merkte, dass weiteres Leugnen zwecklos war. Da versuchte er sich mit großen Worten zu rechtfertigen. Ein reines Versehen sei es gewesen, dass Turbo in der Reithalle gestiegen sei.
Ausgerechnet vor der Holzwand. Dass die Hufe die Holzlatten durchschlagen hätten – nur ein unglücklicher Zufall, nicht mehr.
Kai Jensen glaubte ihm kein Wort.
Senta war völlig in Tränen aufgelöst. Wie ein Häufchen Elend kauerte sie auf der Trittleiter neben dem Zaumzeug. Mit ihrem schwarzen Sattelputztuch wischte sie

sich über die Augen, bis ihr Gesicht Streifen hatte wie das eines Zebras. Es war so demütigend, wie sie jetzt vor Al und Ilona dastand. Als Neidhammel. Als eine, die Al nur deswegen anschwärzte, weil sie ihn nicht gekriegt hatte.

Ilona weinte auch. Sie wollte es nicht glauben, dass ihr cooler Schwarm so ein Mistkerl war.

Al weinte nicht, der Einzige, der es nötig gehabt hätte.

Jule, Imke und Conny machten sich auf der Stallgasse zu schaffen, um etwas aufzuschnappen. Sie trauten sich nicht zu nahe an die Sattelkammer heran. Herr Jensen wurde wütend, wenn man bei solchen Gesprächen lauschte.

Sie sahen auf den Boden, linsten aber ständig in die Sattelkammer.

Conny schob geringschätzig die Unterlippe vor.

»Meine Güte, wegen Al zu flennen. So ein mieser Typ«, flüsterte sie. »Die Killerbienen hätten mal die Tiertransporte sehen sollen, dann hätten sie Grund gehabt, zu weinen. Überhaupt ... psst!«

Sie unterbrach sich selbst, denn die neue Anschuldigung gegen Albrecht, die Senta gerade stockend hervorgebracht hatte, war ungeheuer.

Senta behauptete, Al habe ständig nachts die Tränken abgestellt. Wenn Herr Jensen nicht da war, auch tagsüber. Das bedeutete: Wenn die Pferde nichts trinken konnten, verrichteten sie auch seltener ihr kleines Geschäft und machten das Stroh nicht nass. Al musste also viel weniger ausmisten. Dass die Pferde von Wassermangel eine Kolik bekommen konnten, nahm Al in Kauf. Aus reiner Faulheit.

Herr Jensen wollte kaum glauben, dass ein Pferdewirt dazu in der Lage war.

»Denkst du dir auch wirklich nichts aus, Senta? Weil du sauer auf Al bist?«

Doch Senta blieb dabei.

»Nein, Herr Jensen. Der Al hat damit geprahlt, als Sie gestern zur Autobahn unterwegs waren«, schluchzte sie. »Man müsste schön blöd sein, sich so viel Arbeit zu machen, hat er gesagt. Einfach Wasserleitung zu, zack, und zwei Stunden Ausmisten gespart. Ilona und Olivia wissen es auch.«

Al sah Senta von oben bis unten an und sagte: »Du bist doch eine selten blöde Kuh.«

Ilona putzte sich die Nase und gab leise zu, dass Senta Recht hatte.

»So viel Anstand hat Ilona immerhin«, flüsterte Conny den anderen zu, während sie die Strohreste in Zeitlupe auf eine Schaufel schob, »dass unsere Pferde ihr wichtiger sind als ihr toller Al.«

Zu blöd, in dem Moment rutschte Conny die Schaufel aus der Hand und fiel scheppernd auf die Stallgasse.

Jensen drehte sich um, entdeckte die Mädchen vor der Sattelkammer und zog die Tür zu. Aus mit Lauschen. Wenn er jemand zusammenstauchte, wollte er keine Zuhörer.

»So ein Mist«, schimpfte Conny. »Ich finde, wir haben ein Recht, alles zu erfahren.«

Während die Mädchen ungeduldig warteten, klingelte in der Sattelkammer das Telefon.

»Ja, richte ich aus«, hörten sie Herrn Jensen sagen. Sicher eine Nachricht für einen Privatreiter.

Wenig später öffnete sich die Tür wieder.

Heraus kam Albrecht Steinberg mit hochrotem Kopf. Dahinter folgten die beiden Killerbienen mit verweinten Augen. Senta zusätzlich mit schwarzen Zebrastreifen im Gesicht. Ohne ein Wort zu sagen, verschwanden alle drei nach draußen.

Kai Jensen kam als Letzter. Sorgfältig steckte er Sentas Brief in die Hosentasche.

»Und?« Conny lehnte ihre Schaufel an Lottas Box und sah den Stallbesitzer an. »Was ist nun?«

Auch Jule und Imke kamen gespannt näher.

»Ist er weg?«, fragte Imke.

Kai Jensen nickte.

»Der kommt nicht wieder. Ich habe ihn fristlos herausgeworfen. Pferdeschänder dulde ich nicht auf Birkenhain.«

Jubelnd warf Jule die Arme hoch und fiel Conny um den Hals. »Super! Wir helfen Ihnen im Stall, Herr Jensen, versprochen. Endlich ist es hier wieder schön.«
Als Imke sich gar nicht mit ihnen freute, stieß Jule ihr den Ellenbogen in die Seite. »Freu dich gefälligst auch!«
Imke starrte auf ihre Reitstiefel und sagte leise: »Schön ist es erst wieder, wenn ich weiß, wo Deichgraf geblieben ist.«
Kai Jensen nickte.
»Ja . . . Deichgraf . . . das ist auch so ein Fall, den Al auf dem Gewissen hat.«
Imke wurde kreidebleich. »Wieso?«
»Keine Angst, nichts Schlimmes.«
Mit dem Kopf deutete Jensen aufs Telefon. »Frau Decker war gerade dran. Du weißt schon, Deichgrafs neue Besitzerin. Dreimal hatte sie vorher schon angerufen und immer war Al am Apparat. Der sollte dir sagen, dass Frau Decker auf deinen Besuch wartet. Hat er nicht ausgerichtet, stimmt's?«
Jensen wühlte in seiner Hosentasche, fischte einen Zettel mit einer Telefonnummer heraus und steckte ihn Imke zu.
»Du sollst den nächsten Bus nach Bargteheide nehmen. Hier ist ihre Handy-Nummer. Frau Decker will dich vom Bahnhof abholen.«
Nervös trat Imke von einem Bein auf das andere.

»Lebt Deichgraf?«
Lächelnd legte Kai Jensen dem Mädchen die Hand auf die Schulter.
»Aber klar doch«, sagte er.
Ohne Zeit zu verlieren, stürmte Imke aus der Stalltür und rannte zum Fahrradstand.
In der Eile vergaß sie ihre teure Weste im Stall und sogar ihre Putzbox mit der fast leeren Reitkarte. Vor lauter Aufregung machte sie sich zuerst an einem falschen Fahrradschloss zu schaffen. Kurz gesagt – sie war ein Nervenbündel.

Ein paar Stunden später ging auf dem Reiterhof Birkenhain das Telefon. Weil Kai Jensen Unterricht gab, nahm Conny Clasen in der Sattelkammer ab.
»Imke? . . . Was? . . . Wieso bist du in Plön? . . . Ich begreife das nicht . . . Nicht so durcheinander . . . Noch mal, ganz langsam.«
Conny deckte die Sprechmuschel ab und brüllte durch den Stall: »Neues von Deichgraf. Kommt her.«
Im Nu war sie umringt von einem Dutzend Reitermädchen, auch Jule war dabei. Bastian kam eilig aus der Box von King Louis dazu.
»Deichgraf ist in einer Reha-Klinik in Plön«, gab Conny halblaut an die Umstehenden weiter.
»Was ist, Imke?«, sagte sie jetzt wieder in den Hörer.

»Was muss Deichgraf machen? ... Auf einem Laufband durch ein Wasserbecken gehen ... Vier Wochen noch ... und damit kriegen die sein Bein wieder hin, das ist ja irre ... Mann, du hast ein Glück ... Klar gönnen wir dir das ... Stimmt, du hast Stress satt gehabt.«
Als Conny aufgelegt hatte, lief sie zur Reithalle, um Herrn Jensen die Neuigkeit brühwarm zu erzählen.
Jensen stand an der Bande und ließ seine Reitabteilung gerade gemeinsam eine Wendung auf der Vorhand machen. In Stichworten berichtete Conny ihre Neuigkeiten.
Herr Jensen schmunzelte.
»Ich weiß. Frau Decker hat mir noch etwas erzählt, was sie Imke selber sagen will – wenn Deichgraf wieder fit ist, bringt sie ihn zu uns zurück, nach Birkenhain. Sie braucht eine gute Reitbeteiligung für Deichgraf, wenn er wieder geritten werden kann. Und wer kennt ihn besser als Imke?«
Mit hochgezogenen Augenbrauen verfolgte Kai Jensen die Wendungen seiner Reiter.
»Oha. Ich muss in die Halle«, sagte er und ging zu der Reiterin auf Flecken-Paula hinüber. »Noch einmal Frau Vogel«, sagte er, »Gewicht nach rechts verlagern. Am inneren Zügel nachgeben. Das war aber wirklich nichts.«
Conny grinste und drehte sich um. Sie winkte Jule und

Bastian ihr zu folgen. Sie gingen durch den Stall nach draußen zu den Außenboxen.
Imkes Putzkasten stand vergessen neben den Silageballen. Conny öffnete den Deckel und holte das Namensschild mit der Aufschrift »Deichgraf« aus der Kiste.
Sie wischte die Tafel mit dem Sweatshirt-Ärmel sauber und hielt sie hoch.
»Was haltet ihr davon, wenn wir das Schild wieder an Deichgrafs alte Box schrauben?«, fragte sie. »Bevor Imke zurückkommt?«
»Gute Idee«, sagte Jule.
Bastian besorgte Werkzeug von Kai Jensens Heimwerkerbank und fing an zu schrauben.
Jule und Conny setzten sich auf einen weißen Silageballen und sahen ihrem Freund zu.
»Himmel, waren das hektische Herbstferien«, seufzte Jule und stürzte ihren Ellenbogen auf die Knie. »Und alles wegen Imke und Deichgraf. Dass ich wegen Imke meine Ferien opfere, hätte ich mir nie träumen lassen. Wegen einer der Nervis – unglaublich.«
Bastian, der vor der Boxentür kniete, sah sich über die Schulter zu den Mädchen um.
»Andererseits«, meinte er und nahm zwei Schrauben aus dem Mund, »ohne Deichgraf hätten wir den polnischen Pferdetransporter nicht gefunden. Genau genom-

men hat Deichgraf die Pferde gerettet. Oder noch genauer – eigentlich verdanken sie Imke ihr Leben.«
Es war nicht leicht, sich mit diesem Gedanken anzufreunden. Ausgerechnet eine aus der Nervi-Truppe als Engel der Pferde? Aber es stimmte.
»Nervis sind auch Menschen«, sagte Bastian gönnerhaft und drehte die letzte Schraube in Deichgrafs Namensschild.

Anhang

Bei diesen Adressen bekommst du Informationen über Tiertransporte:

Deutsche Vereinigung zum Schutz des Pferdes e.V.,
Wienkamp 11, 46354 Südlohn

Bund gegen den Missbrauch der Tiere e.V.,
Viktor-Scheffel-Str. 15, 80803 München

Animal's Angels e.V., Antoniterstr. 1, 79106 Freiburg

REITERHOF BIRKENHAIN

Margot Berger

Aufregung im Stall

Großer Auftritt für Sally

SOS – Pferd verschwunden

Ein starkes Team

Sturmnacht am Meer

Rettung in letzter Minute

Rätsel um das braune Fohlen

Achtung: Pferde in Not!

Spuk im Stall

Ende für die Reitschule

Arena Taschenbücher ab 10 Jahren

Arena